TEXTES ET DOCUMENTS

CONCERNANT

LA CONSTITUTION LÉGALE

DE

L'IMPRIMERIE NATIONALE.

PARIS.

IMPRIMERIE NATIONALE.

M DCCC LXXIV.

Q

CONSTITUTION LÉGALE

DE

L'IMPRIMERIE NATIONALE.

TEXTES ET DOCUMENTS

CONCERNANT

LA CONSTITUTION LÉGALE

DE

L'IMPRIMERIE NATIONALE.

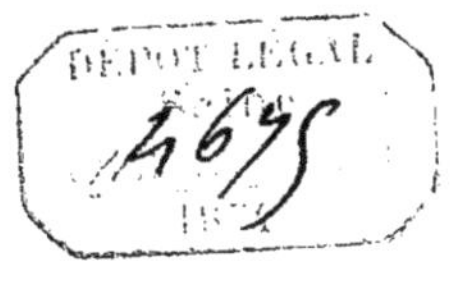

PARIS.

IMPRIMERIE NATIONALE.

M DCCC LXXIV.

TABLE DES MATIÈRES.

LOIS, DÉCRETS ET DÉCISIONS.

LOI DU 14 FRIMAIRE AN II

(4 décembre 1793).

. . . .

Article 1er. Les lois qui concernent l'intérêt public, ou qui sont d'une exécution générale, seront imprimées séparément dans un bulletin numéroté, qui servira désormais à leur notification aux autorités constituées. Ce bulletin sera intitulé : *Bulletin des lois de la République.*

Art. 2. Il y aura une imprimerie exclusivement destinée à ce bulletin.

. . . .

LOI DU 27 FRIMAIRE AN II

(17 décembre 1793).

. . . .

Art. 35. L'imprimerie qui avait été établie près la ci-devant administration des loteries est conservée sous le titre d'*Imprimerie des administrations nationales.*

Art. 36. Ladite imprimerie sera sous la surveillance du ministre de l'intérieur; elle continuera d'être chargée de toutes les impressions concernant le service des départements du ministère, de la trésorerie nationale et des diverses régies et administrations.

. . . .

LOI DU 8 PLUVIÔSE AN III.

Article 1er. L'imprimerie établie pour l'expédition des lois, con-

1.

formément au décret du 14 frimaire de l'an second, continuera d'être régie et administrée, au nom de la République, sous la dénomination d'*Imprimerie nationale*, par l'agence de l'envoi des lois.

. . . .

Art. 3. Cette imprimerie sera destinée à l'impression :

1° Des lois, dans la forme qui va être déterminée;

2° Des rapports, adresses et proclamations dont l'envoi aura été ordonné par la Convention nationale;

3° Des arrêtés pris par les comités pour l'exécution des lois, et de la notice distribuée aux membres de la Convention, en exécution de l'article 31 de la loi du 7 fructidor;

4° Des circulaires, états et modèles relatifs à l'exécution des lois ou des arrêtés, et faits par ordre des comités;

5° Des éditions originales des ouvrages d'instruction publique adoptés par la Convention nationale;

6° Et de tous les ouvrages de sciences et d'art qui seront imprimés par ordre de la Convention et aux frais de la République.

LOI DU 18 GERMINAL AN III.

L'imprimerie établie sous la direction de l'agence de l'envoi des lois prendra la dénomination et le titre d'*Imprimerie de la République.*

LOI DU 21 PRAIRIAL AN III.

Article 1er. La loi du 8 pluviôse, concernant les attributions de l'Imprimerie de la République, aura sa pleine et entière exécution.

Art. 2. L'Imprimerie des administrations nationales ne pourra faire imprimer par des imprimeurs étrangers.

Art. 3. Les commissions exécutives, les agences et établissements publics ne pourront, dans aucun cas, imprimer aux frais du Gouvernement chez les imprimeurs étrangers.

ART. 4. Ces agences, commissions et établissements sont tenus d'envoyer à l'Imprimerie de la République tout ce qu'ils devront faire imprimer.

ART. 5. Ne sont pas compris dans l'article ci-dessus les commissions et établissements publics qui sont dans l'usage de se servir de l'Imprimerie des administrations nationales [1].

ART. 6. Aucun payement des impressions exécutées en contravention à cette loi ne pourra être fait par le Trésor public, ni alloué dans les comptes des commissaires, agents, administrateurs ou chefs des établissements publics.

ART. 7. Les imprimeurs exerceront leur recours envers ceux qui les auront employés.

ARRÊTÉ DU DIRECTOIRE EXÉCUTIF
DU 16 NIVÔSE AN V.

ARTICLE 1er. Conformément aux lois des 8 pluviôse et 21 prairial de l'an III et à l'article 6 de l'arrêté du Directoire exécutif du 21 brumaire dernier, toutes les impressions qui se font à Paris aux frais du Trésor public continueront d'être faites à l'Imprimerie de la République.

Il est défendu à tous ordonnateurs, sous leur responsabilité personnelle, d'ordonner, et à la Trésorerie nationale d'effectuer le payement d'aucune somme pour dépense d'impressions faites en d'autres imprimeries quelles qu'elles soient.

. . . .

[1] Cette imprimerie fut supprimée quelque temps après.

ARRÊTÉ DES CONSULS DU 19 FRIMAIRE AN X

(10 décembre 1801).

. . . .

ARTICLE 1ᵉʳ. L'Imprimerie de la République est maintenue dans ses attributions, ainsi qu'elles ont été réglées par les lois des 8 pluviôse et 21 prairial de l'an III. Toutes les impressions du Gouvernement, des ministres et des administrations qui en dépendent y seront exécutées.

ART. 2. Cette imprimerie continuera d'être régie et administrée sous la surveillance immédiate du ministre de la justice, conformément aux dispositions de l'arrêté du 16 nivôse an V.

. . . .

DÉCRET IMPÉRIAL DU 24 MARS 1809.

NAPOLÉON, EMPEREUR DES FRANÇAIS, etc.

TITRE Iᵉʳ.

DISPOSITIONS GÉNÉRALES.

ARTICLE 1ᵉʳ. L'Imprimerie impériale restera chargée exclusivement de toutes les impressions des divers départements du ministère, du service de la maison impériale, du Conseil d'État, et de l'impression et distribution du *Bulletin des lois.*

ART. 2. A compter de la publication du présent décret, l'Imprimerie impériale, étant destinée à pourvoir au service du Gouvernement et de l'Administration générale, ne pourra faire aucun travail pour le compte des particuliers.

ART. 3. Elle sera organisée, quant au nombre des employés, premiers protes, protes et ouvriers, de manière à pourvoir aux besoins courants et ordinaires des divers services dont elle est chargée;

et, en cas de travaux extraordinaires et urgents, il y sera pourvu par notre grand juge ministre de la justice, sur la demande de l'inspecteur de l'établissement.

Signé NAPOLÉON.

DÉCRET IMPÉRIAL DU 22 MARS 1813.

(INSTITUTION D'ÉLÈVES POUR LES LANGUES ORIENTALES.)

NAPOLÉON, EMPEREUR DES FRANÇAIS, ROI D'ITALIE, etc.

ARTICLE 1ᵉʳ. Quatre élèves seront constamment entretenus à notre Imprimerie impériale, pour y être instruits dans la manipulation typographique des caractères orientaux.

ART. 2. Ils suivront les cours publics de ces langues, pour travailler ensuite à la composition typographique sous la direction du prote des langues orientales.

ART. 3. Ils seront distingués en première et seconde classe, selon leur aptitude et les progrès qu'ils auront faits dans leurs travaux.

ART. 4. Aucun élève de deuxième classe ne pourra être admis au rang de première classe, s'il n'a travaillé pendant une année entière en qualité d'élève de deuxième classe, à la satisfaction de ses chefs.

ART. 5. Les élèves de première classe recevront un salaire de trois francs, et ceux de seconde classe, de deux francs par jour, jusqu'à l'achèvement de leur apprentissage, qui ne pourra excéder la durée de trois années.

ART. 6. Les élèves de première classe pourront être admis comme compositeurs dans l'atelier typographique des langues orientales, et y recevront un salaire proportionné aux services qu'ils seront en état d'y rendre, soit à la tâche, soit à la journée.

Le taux de ce salaire sera calculé à moitié en sus du salaire ordinaire pour le même genre d'ouvrage dans les langues usuelles.

Art. 7. Les protes, correcteurs et lecteurs pour les langues orientales seront, autant que possible, choisis, à chaque vacance d'emploi, parmi les compositeurs ou élèves les plus habiles dans l'intelligence de ces idiomes.

Art. 8. Notre ministre de l'intérieur désignera les ouvrages en langues orientales dont la publication pourra être utile, et notre grand juge en ordonnera l'impression sur les fonds de l'Imprimerie impériale.

Signé NAPOLÉON.

ORDONNANCE DU ROI DU 23 JUILLET 1823.

LOUIS, par la grâce de Dieu, etc.

Vu les lois des 4 décembre 1793, 27 janvier et 9 juin 1795, l'arrêté du 10 décembre 1801, les décrets des 24 mars 1809 et 22 janvier 1811, les ordonnances des 28 décembre 1814 et 12 janvier 1820;

Après avoir entendu la commission spéciale du Conseil d'État;
Sur le rapport de notre garde des sceaux, ministre et secrétaire d'État au département de la justice,

Nous avons ordonné et ordonnons ce qui suit :

Article 1ᵉʳ. A compter du 1ᵉʳ octobre prochain, l'Imprimerie royale sera administrée en régie, pour le compte de l'État, sous l'autorité de notre garde des sceaux.

Art. 2. Les attributions de l'Imprimerie royale seront réglées conformément à la loi du 27 janvier 1795, à l'arrêté du 10 décembre 1801, au décret du 24 mars 1809 et à l'ordonnance du 28 décembre 1814.

En conséquence, elle sera chargée :

1° De l'impression du *Bulletin des lois;*

2° Des travaux d'impression qu'exigera le service de notre cabinet et de notre maison, de notre chancellerie, de nos conseils, des ministères et des administrations générales qui en dépendent.

Art. 3. Il ne sera exécuté à l'Imprimerie royale aucun travail d'impression pour le compte des particuliers.

Sont seuls exceptés de cette prohibition :

1° Les ouvrages dont l'exécution exigera des caractères qui ne se trouvent pas dans les imprimeries ordinaires;

2° Les ouvrages dont nous aurons ordonné l'impression gratuite, conformément au n° 4 de l'article 8 de l'ordonnance du 28 décembre 1814 et à l'article 10 de l'ordonnance du 12 janvier 1820.

Art. 4. Les tarifs de l'Imprimerie royale seront soumis annuellement à notre approbation par notre garde des sceaux, après avoir pris l'avis d'un comité formé de commissaires spéciaux qui seront délégués à cet effet dans nos divers ministères.

ORDONNANCE DU ROI DU 21 SEPTEMBRE 1830.

LOUIS-PHILIPPE, Roi des Français, à tous présents et à venir, salut.

Vu l'ordonnance royale en date du 12 janvier 1820;

Voulant fixer définitivement le nombre d'exemplaires du *Bulletin des lois* et de celui des ordonnances à distribuer gratuitement par notre Imprimerie royale, pour le service de notre cabinet, des Chambres et des divers départements du ministère,

Avons ordonné et ordonnons ce qui suit :

Article 1er. A partir du premier numéro de la neuvième série du *Bulletin des lois*, l'Imprimerie royale fournira, tant pour le service de notre Cabinet que pour celui des Chambres et des divers départements du ministère :

1° 7,000 exemplaires de chacun des numéros ordinaires du *Bulletin des lois* et de celui des ordonnances;

2° 3,500 exemplaires de chacun des numéros *bis* de ce même bulletin.

ART. 2. Sur ces quantités, il en sera réservé un certain nombre d'exemplaires, qui ne pourra être moindre de cent, pour satisfaire aux besoins ultérieurs du service.

ART. 3. Le surplus des exemplaires sera réparti conformément à l'article 1er et sur l'état dressé par notre garde des sceaux, ministre secrétaire d'État de la justice, de concert avec nos autres ministres.

ART. 4. Toute demande en augmentation du nombre d'exemplaires qui aura été déterminé conformément à l'article 3 ci-dessus devra être adressée à notre garde des sceaux et dûment justifiée.

ART. 5. Notre garde des sceaux, ministre secrétaire d'État au département de la justice, est chargé de l'exécution de la présente ordonnance.

Signé LOUIS-PHILIPPE.

DÉCISION DU 25 JUIN 1864.

RAPPORT À L'EMPEREUR.

SIRE,

La Commission chargée d'examiner diverses questions relatives à l'Imprimerie impériale [1],

---

[1] Cette Commission était composée de : LL. Exc. MM. BAROCHE, garde des sceaux, ministre de la justice et des cultes; ROULAND, ministre présidant le Conseil d'État; MAGNE, membre du Conseil privé; et de MM. DUVERGIER et DE LAVENAY, conseillers d'État.

Après avoir délégué à deux de ses membres le soin d'entendre les représentants des différents ministères, contradictoirement avec M. le conseiller d'État directeur de l'Imprimerie impériale,

Après avoir pris connaissance des procès-verbaux des séances de la Sous-Commission et après avoir reçu elle-même, dans sa dernière séance, les explications de M. le conseiller d'État directeur de l'Imprimerie impériale ;

Vu les lois des 14 frimaire an II, 8 pluviôse an III, 21 prairial an III, l'arrêté du 19 frimaire an X, les décrets des 24 mars 1809 et 22 janvier 1811, les ordonnances du 28 décembre 1814, du 28 février 1816, du 12 janvier 1820, du 23 juillet 1823 et du 20 août 1824,

Est d'avis que l'Imprimerie impériale doit être maintenue dans les attributions qui lui sont conférées par les règlements existants ;

Qu'en conséquence elle doit continuer à être chargée *exclusivement* des travaux d'impression des différents ministères.

L'Imprimerie impériale, dans son organisation actuelle, est une institution destinée à favoriser les perfectionnements de la typographie et à concourir aux progrès intellectuels par la publication gratuite d'ouvrages dignes d'encouragements. Elle est aussi un établissement industriel chargé d'exécuter, dans les meilleures conditions, toutes les impressions nécessaires aux principales branches de l'Administration publique. Elle produit des chefs-d'œuvre typographiques ; elle rend de précieux services aux lettres et aux sciences, et elle offre au Gouvernement, pour les travaux d'impression, des garanties de célérité, de discrétion, d'exactitude et de supériorité dans l'exécution qu'on demanderait inutilement à l'industrie privée.

Il ne faut pas songer à séparer les uns des autres les éléments dont l'ensemble constitue l'Imprimerie impériale.

Les services auxquels elle pourvoit, les agents qu'elle emploie, toutes les parties du matériel dont elle dispose, les ressources si variées qui lui sont accordées, se prêtent un mutuel secours. S'ils étaient isolés, ils perdraient la plus grande partie de leur valeur et de leur puissance.

C'est depuis longtemps que les bases de cette organisation sont établies. On a pu signaler quelques légères différences dans les termes des règlements qui se sont succédé depuis plus d'un demi-siècle; mais il résulte de leur texte, comme de leur esprit, que l'Imprimerie a dû être constamment chargée d'exécuter tous les travaux d'impression des différents ministères et des administrations générales qui en dépendent[1].

Cependant, et malgré le sens non équivoque des dispositions des lois, décrets et ordonnances, quelques départements ministériels ont cru pouvoir s'adresser à l'industrie privée, dans l'espérance d'obtenir une économie assez importante sur leurs dépenses d'impressions.

En examinant avec attention cette combinaison, dont la pensée première ne mérite que des éloges, on s'aperçoit qu'elle ne peut produire les bons résultats qu'on croyait devoir en attendre.

D'abord, il est à craindre que l'industrie privée ne puisse maintenir les prix auxquels elle se serait réduite dans le premier moment pour s'assurer une clientèle importante.

En second lieu, en admettant qu'elle fût en mesure d'exécuter aux conditions qu'elle aurait acceptées les travaux ordinaires, il est certain que pour les impressions qui exigent une extrême célérité et des soins spéciaux, qui doivent être exécutées avec des garanties complètes de discrétion et d'exactitude, pour lesquelles un matériel immense, de vastes ateliers et un personnel très-nombreux sont indispensables, il n'y a point d'établissement particulier qui

[1] Voir spécialement l'article 1ᵉʳ de l'arrêté du 19 frimaire an x, l'article 1ᵉʳ du décret du 24 mars 1809, l'article 8 de l'ordonnance du 28 décembre 1814 et l'article 2 de l'ordonnance du 23 juillet 1823.

soit en état de faire ce que fait l'Imprimerie impériale, non-seulement à prix égal, mais même à des prix beaucoup plus élevés.

'Dès lors l'économie que l'on recherche ne peut se réaliser; la diminution de dépense que l'on obtiendrait sur une partie des impressions disparaîtrait devant l'augmentation qui aurait lieu pour les autres. Privée du bénéfice des travaux faciles et lucratifs, l'Imprimerie impériale serait forcée d'augmenter son tarif pour les travaux difficiles et onéreux.

Elle est d'ailleurs, on le sait, tenue d'exécuter gratuitement des impressions qui sont pour elle une charge assez considérable; les frais qu'elles entraînent sont répartis sur l'ensemble des travaux, et ils ont, sur les prix de ceux qui sont exécutés pour les ministères, une influence dont il faut bien tenir compte [1].

Cette influence n'est point, au surplus, sans compensation. L'Imprimerie impériale dispose d'un fonds de roulement pour lequel elle n'a aucun intérêt à supporter, et les bâtiments qu'elle occupe ne lui coûtent point de loyer. Ces avantages couvrent, du moins en partie, les charges des impressions gratuites.

Il serait difficile de déterminer avec une exactitude mathématique comment se balancent ces charges et ces avantages; mais cela n'est pas nécessaire : il suffit de montrer qu'ils se compensent dans une certaine mesure.

A la vérité, au lieu de laisser subsister ainsi quelque incertitude sur le résultat de la combinaison de ces éléments opposés, on pourrait, adoptant un système différent et plus conforme, il faut en convenir, aux règles générales de la comptabilité, demander un crédit spécial pour l'exécution des travaux gratuits, auxquels maintenant aucune somme n'est affectée, et réduire, par suite, le prix des impressions qui sont payées par les différents départements ministériels.

---

[1] Les impressions à la charge de l'Imprimerie impériale sont celles du *Bulletin des lois*, du *Bulletin des arrêts de la Cour de cassation*, des ouvrages dont la publication est autorisée et des travaux de l'Institut. La dépense s'élève à 133,000 francs.

Mais ce procédé ne serait qu'un simple virement; il ne présenterait aucun avantage réel pour le Trésor, il aurait l'inconvénient de modifier et de mettre en question chaque année une organisation dont les plus graves considérations recommandent le maintien.

Tout en conservant à l'Imprimerie impériale ses attributions, et à ses différents services les ressources financières qui leur sont affectées; en laissant subsister entre tous les travaux dont elle est chargée le lien solidaire qui les unit, et entre les dépenses l'espèce de compensation qui est la conséquence du régime actuel, on doit, sans aucun doute, rechercher les moyens propres à opérer des économies sur l'ensemble et à faire disparaître la différence qui peut exister, pour les travaux ordinaires, entre les prix du tarif et ceux de l'industrie privée.

Si le but était atteint, notre grand établissement national ne se présenterait plus aux esprits les plus prévenus qu'avec les incontestables avantages de son organisation, la richesse de ses collections, la perfection de ses produits et l'importance de ses services.

De louables efforts ont déjà été faits dans cette pensée, et, grâce à d'importantes améliorations introduites dans les différentes parties de l'administration, les dépenses ont été réduites. On ne saurait trop insister sur la nécessité de persister dans cette voie, qui fournirait la meilleure de toutes les solutions, en donnant satisfaction à tous les intérêts.

En attendant que ce résultat si désirable soit complétement obtenu, il importe de rendre de plus en plus manifeste l'étroite relation qui existe entre les travaux ordinaires et les travaux extraordinaires, et de montrer que l'élévation apparente du prix des premiers est compensée par l'économie réelle que présente le prix des seconds. Pour cela, il est convenable d'attribuer, autant que possible, à chaque espèce de travaux les dépenses qui les concernent, et de faire figurer au compte des impressions exceptionnelles tout ce qui, dans un établissement particulier, en augmenterait le coût. Par ce moyen, on pourra défalquer du compte des impressions ordinaires tout ce qui doit en être déduit.

Il résulte des procès-verbaux des séances de la sous-commission que M. le directeur de l'Imprimerie impériale, en insistant sur l'exécution des règlements, a cependant déclaré qu'il en réclamait seulement l'interprétation raisonnable et modérée, et qu'il se bornait à demander que les impressions qui, dans chaque département ministériel, reviennent à l'administration centrale, fussent réservées à l'Imprimerie impériale.

Nous n'essayerons pas d'indiquer les concessions et les tempéraments qu'il est possible d'admettre dans les relations de l'Imprimerie impériale avec les différents départements ministériels. On comprend cependant que les imprimés qui doivent être employés hors Paris, dans une localité déterminée, puissent être exécutés dans cette localité ; tout ce qui se fabrique à Paris, même pour être expédié dans les départements, demeurant exclusivement réservé à l'Imprimerie impériale. La Commission a dû s'attacher surtout à constater l'état de la législation, à déterminer le véritable sens des règlements en vigueur et à apprécier les modifications qu'on croirait pouvoir y apporter. Elle est bien convaincue, d'ailleurs, qu'une fois la règle établie, la loyauté et l'esprit de conciliation de ceux qui seront chargés de l'appliquer sauront aplanir toutes les difficultés.

En résumé, la Commission a l'honneur de soumettre à la haute appréciation de l'empereur les propositions suivantes :

1° Aux termes des règlements existants, l'Imprimerie impériale est exclusivement chargée de tous les travaux d'impression des différents ministères.

2° Cette attribution exclusive doit lui être conservée.

3° Son organisation actuelle doit être maintenue ; il n'y a point lieu de la modifier, soit en affectant des crédits spéciaux aux travaux que l'Imprimerie impériale exécute gratuitement, soit en permettant de confier à l'industrie privée les impressions qui sont susceptibles de procurer des bénéfices et en laissant à la charge de l'Imprimerie impériale celles auxquelles sont imposées des conditions onéreuses de célérité, d'exactitude et de discrétion. De semblables modifications ne produiraient aucune économie réelle et pourraient compromettre l'existence même de l'Imprimerie impériale.

4° On doit, en apportant dans les différentes branches des services des améliorations analogues à celles qui y ont déjà été introduites, s'efforcer de ramener les prix du tarif à ceux qui pourraient être proposés par l'industrie privée.

5° Enfin, en réservant à l'Imprimerie impériale toutes les impressions, même celles qui doivent être expédiées dans les départements, il est possible d'autoriser l'exécution, dans une localité déterminée, des impressions qui doivent être employées dans cette même localité.

Nous sommes avec le plus profond respect,

  Sire,

   de Votre Majesté

    Les très-dévoués serviteurs et très-fidèles sujets.

      Signé J. Baroche.
       Rouland.
       Magne.
       Duvergier.
       De Lavenay.

25 juin 1864.

Il faut exécuter les conclusions du Rapport.

  Signé NAPOLÉON.

LETTRE DE M. DUFAURE, GARDE DES SCEAUX,

A M. LE MINISTRE DE LA MARINE ET DES COLONIES.

(17 août 1872.)

Monsieur le Ministre et cher Collègue,

Je m'excuse d'abord de vous avoir fait attendre si longtemps ma réponse à votre dépêche du 27 juin : j'ai voulu y répondre moi-même, et j'ai été absorbé par l'abondance de mes affaires courantes.

Ainsi que vous me le rappelez, la demande que M. Paul Dupont vous adresse aujourd'hui n'est pas nouvelle. Le Gouvernement, dans ses différentes branches, a besoin d'une énorme quantité d'impressions; il n'y a pas un imprimeur qui ne fût aise d'avoir sa clientèle. Sous certains Gouvernements, on obtient ce service par faveur; sous le nôtre, on demanderait qu'il fût l'objet d'une adjudication; car je n'imagine pas que M. Paul Dupont vous demande autre chose. Mais c'est oublier, Monsieur le Ministre et cher Collègue, qu'il existe des lois sur cet objet, et que notre premier devoir comme notre volonté très-arrêtée est de les faire respecter.

Vous savez que la fondation d'une Imprimerie nationale a été décidée par un décret de la Convention du 14 frimaire an II (6 décembre 1793). Cet établissement était chargé de l'impression des lois de la République. Le 8 pluviôse an III (27 janvier 1795), un nouveau décret réglait ainsi les attributions de l'Imprimerie nationale :

« Art. 1er. L'imprimerie établie pour l'expédition des lois, con-
« formément au décret du 14 frimaire de l'an II, continuera d'être
« régie et administrée au nom de la République, sous la dénomi-
« nation d'*Imprimerie nationale*, par l'agence de l'envoi des lois.

« Art. 3. Cette imprimerie sera destinée à l'impression : 1° des

« lois, dans la forme qui va être déterminée; 2° des rapports,
« adresses et proclamations dont l'envoi aura été ordonné par la
« Convention nationale; 3° des arrêtés pris par les comités pour
« l'exécution des lois, et de la notice distribuée aux membres de la
« Convention en exécution de l'article 31 de la loi du 7 fructidor;
« 4° des circulaires, états et modèles relatifs à l'exécution des lois
« ou des arrêtés, et faits par ordre des comités; 5° des éditions ori-
« ginales des ouvrages d'instruction publique adoptés par la Con-
« vention nationale; 6° et de tous les ouvrages de sciences et d'art
« qui seront imprimés par ordre de la Convention et aux frais de
« la République. »

Ce décret fut confirmé par une loi du 21 prairial an III (9 juin
1795) et par un arrêté des consuls du 19 frimaire an X (10 décembre 1801), dont je vous rappelle les deux premiers articles :

« ART. 1er. L'Imprimerie de la République est maintenue dans
« ses attributions, ainsi qu'elles ont été réglées par les lois des
« 8 pluviôse et 21 prairial de l'an III. Toutes les impressions du
« Gouvernement, des ministères et des administrations qui en dé-
« pendent y seront exécutées.

« ART. 2. Cette imprimerie continuera d'être régie et administrée
« sous la surveillance immédiate du ministre de la justice, confor-
« mément aux dispositions de l'arrêté du 16 nivôse an V. »

Même disposition dans un décret impérial du 24 mars 1809 :

« ART. 1er. L'Imprimerie impériale restera chargée exclusive-
« ment de toutes les impressions des divers départements du mi-
« nistère, du service de la maison impériale, du Conseil d'État, et
« de l'impression et distribution du *Bulletin des lois.* »

Deux ordonnances des 28 et 30 décembre 1814 changèrent
l'organisation de l'Imprimerie royale, sans toucher à ses attribu-

tions. Mais en 1820, le 12 janvier, une ordonnance royale, qui
avait le tort d'être une violation ouverte des lois existantes, apporta
d'importantes restrictions aux travaux de ce grand établissement,
et, par l'article 4, les ministres et autres chefs d'administration
générale furent autorisés « ou à s'adresser à l'Imprimerie royale ou
« à traiter avec tout imprimeur du commerce pour les impressions
« nécessaires à leur service. »

Mais on ne tarda pas à reconnaître les inconvénients graves de
ce nouvel ordre de choses; on rendit à l'Imprimerie royale ses anciennes attributions par une ordonnance du 23 juillet 1823, qui,
depuis bientôt cinquante ans, constitue son état régulier et légal.

« A compter du 1er octobre prochain, dit l'article 1er, l'Impri-
« merie royale sera administrée et régie pour le compte de l'État,
« sous l'autorité de notre garde des sceaux. »

« Les attributions de l'Imprimerie royale, dit l'article 2, seront
« réglées conformément à la loi du 27 janvier 1795, à l'arrêté du
« 10 décembre 1801, au décret du 24 mars 1809 et à l'ordon-
« nance du 28 décembre 1814.

« En conséquence, elle sera chargée :
« 1° De l'impression du *Bulletin des lois;*
« 2° Des travaux d'impression qu'exige le service de notre Ca-
« binet et de notre Maison, de notre chancellerie, de nos conseils,
« des ministères et des administrations générales qui en dépendent.

« Art. 3. Il ne sera exécuté à l'Imprimerie royale aucun travail
« d'impression pour le compte des particuliers. Sont seuls exceptés
« de cette prohibition : 1° les ouvrages dont l'exécution exigera des
« caractères qui ne se trouvent pas dans les imprimeries ordinaires;
« 2° les ouvrages dont nous aurons ordonné l'impression gratuite.

« Art. 4. Les tarifs de l'Imprimerie royale seront soumis an-
« nuellement à notre approbation par notre garde des sceaux,
« après avoir pris l'avis d'un comité formé de commissaires spé-

« ciaux qui seront délégués à cet effet dans nos divers ministères. »

Tel est, Monsieur le Ministre et cher Collègue, l'état présent de
la législation concernant l'Imprimerie nationale. Je ne dis pas que
cette législation ait toujours été respectée; mais le mépris que l'on
en a fait quelquefois n'a pu l'affaiblir; les exemples que l'on a
donnés à cet égard ne sont pas ceux que nous devons suivre.

Lorsque les droits de l'Imprimerie nationale ont été sérieusement examinés, ils n'ont pas paru douteux. Vous me rappelez avec
raison le remarquable rapport qui fut rédigé sur ce sujet le
25 juin 1864 par une commission composée de trois des ministres
de l'époque et de deux conseillers d'État. Je me permets de vous
en envoyer un exemplaire pour me dispenser de répéter les raisons qu'il contient.

Vous critiquez seulement l'offre que le directeur de l'Imprimerie
avait faite de renoncer à son droit pour tous les documents qui
peuvent être imprimés dans le lieu même où ils sont employés.
Vos critiques, à cet égard, ne m'ont pas paru bien fortes; d'ailleurs, si cette exception à nos règles générales vous gêne, l'Imprimerie est prête à se charger de toutes les impressions dont votre
département a besoin.

Je ne voudrais pas laisser sans réponse deux idées plusieurs fois
reproduites dans le cours de votre lettre. L'Imprimerie nationale
vous semble avoir un monopole : M. Dupont réclamerait au nom
de la liberté de l'imprimerie. Cela est-il bien réfléchi? L'État, par
les motifs les plus puissants que le rapport à l'empereur développe
très-bien, veut faire lui-même les impressions dont il a besoin; il
travaille exclusivement pour lui-même; et on appelle cela un monopole! et il gêne la liberté de l'imprimerie!

Quant à la question d'économie dont vous signalez avec raison
l'importance, soyez persuadé, Monsieur le Ministre et cher Collègue, qu'aucun adjudicataire ne vous fournirait des impressions

convenables à meilleur marché que l'Imprimerie nationale. J'en ai la preuve manifeste dans un mémoire que m'ont adressé, il y a quelques mois, les imprimeurs de Paris. Dans quelques marchés qu'ils passent, ils conviennent d'accepter pour arbitre le directeur de l'Imprimerie. Les sentences qu'il rend consistent uniquement à réduire les prix demandés par les imprimeurs aux tarifs ordinaires de l'Imprimerie elle-même. De là leurs plaintes, et ils me démontrent très-bien que l'imprimerie libre ne peut pas égaler pour le bon marché notre grand établissement national.

Il n'y a donc ni raison ni prétexte pour abandonner le parti si facile et si sûr de se conformer aux prescriptions de la loi.

Agréez, etc.

Signé J. DUFAURE.

RAPPORTS,

DISCOURS ET DOCUMENTS DIVERS.

D'UN RAPPORT AU CONSEIL DES CINQ-CENTS,

PAR ESCHASSÉRIAUX AÎNÉ,

AU NOM D'UNE COMMISSION SPÉCIALE ET DE LA COMMISSION DES DÉPENSES.

(9 fructidor an IV.)

Citoyens Représentants,

. . . .

Mais vous n'auriez de l'Imprimerie de la République qu'une connaissance très-imparfaite, si la Commission ne vous reportait ici un moment dans son intérieur, et ne vous en faisait parcourir toutes les parties.

L'Imprimerie de la République est l'ancienne Imprimerie du Louvre ; elle renferme dans son enceinte tout ce qui peut donner l'idée du monument dans ce genre le plus vaste et le plus complet qu'il y ait peut-être en Europe ; là se trouve un dépôt de poinçons et de caractères, tant français qu'étrangers, dont il serait difficile de remplacer et le nombre et la richesse. Ce mobilier national précieux est déposé sous la surveillance et la responsabilité d'un agent particulier, à qui l'entretien et la conservation en sont confiés.

Les ouvrages et les impressions qu'exécute cet établissement demandent nécessairement un grand nombre de préposés et d'agents.

Là, soixante compositeurs sont toujours en activité ; là, roulent continuellement pour le service public soixante presses, quelquefois davantage, lorsque les besoins du service l'exigent ; plus de cent pourraient, selon l'urgence, être mises en œuvre : tous les ouvriers travaillent à la journée. Ce mode de travail n'est pas celui de beaucoup d'imprimeries particulières ; mais on pense qu'il est difficile d'en adopter un autre dans une imprimerie de gouvernement, où la nature des travaux commandés par les diverses administrations, l'harmonie des différents services, exigent que tout aille et soit exécuté de front; où la mobilité et la multiplicité des opérations exigent encore, pour leur exécution simultanée et pressante, la nécessité de faire passer les ouvriers d'un ouvrage à un autre, de morceler le même travail entre un grand nombre de mains pour en accélérer l'exécution. Des règlements, qui embrassent la surveillance des chefs et les obligations des ouvriers, éloignent de ce genre de travail tous les abus qu'il pourrait entraîner.

Nous ne développerons point ici l'esprit de ces règlements, qui comprennent toute l'organisation intérieure de l'Imprimerie de la République, le matériel de l'art et le personnel de cet établissement; leur réformation et leur exécution appartiennent à l'administration qui les dirige. Nous dirons seulement que c'est sous les ordres de trois directeurs, responsables de l'exactitude et de la célérité du service de l'Imprimerie, que se meuvent les vastes ateliers qui la composent et les agents divers qui dirigent en subalternes les différents travaux. La comptabilité des dépenses de l'établissement appartient au ministre de la justice, qui en ordonnance les fonds et qui en est, pour ainsi dire, le premier chef.

Ce fut l'économie qui fit concentrer dans un seul établissement les impressions administratives; et telle est aujourd'hui l'organisation de l'Imprimerie de la République, que, sans cette réunion, l'impression du *Bulletin des lois*, à laquelle elle est consacrée particulièrement, serait infiniment plus coûteuse, parce qu'en attendant qu'une nouvelle loi eût fourni matière à un nouveau bulletin, dans l'intervalle de l'impression d'un bulletin à un autre, les compositeurs et les presses, privés d'aliment, retomberaient bientôt dans l'inaction.

Dans l'ordre actuel des choses, au contraire, il n'y a aucune lacune dans les travaux; ils se succèdent avec rapidité, tandis que l'ouvrier trouve toujours un fonds de travail habituel et permanent dans les ouvrages transmis par les administrations.

Une des anciennes, une des plus importantes attributions de l'Imprimerie de la République, est l'impression des ouvrages d'instruction publique, des sciences et des arts. Elle reçut cette distinction dès son origine. Aucun établissement, on peut le dire, n'embrasse autant de ressources pour ce genre de travail. La beauté et la richesse des caractères dans toutes les langues du monde, la perfection de ses presses, lui assurent une supériorité d'avantages que l'on chercherait en vain dans un autre établissement.

C'était l'usage, sous l'ancien Gouvernement, d'encourager par l'impression certains ouvrages d'une utilité publique. Cette impression était, pour leurs auteurs peu fortunés, une espèce d'indemnité pécuniaire.

Les comités de Salut public et d'Instruction publique ont ordonné aussi, pendant la durée de la Convention, l'impression de quelques-uns de ces livres qui, par les découvertes et le génie qu'ils renferment, honorent et enrichissent une nation. Ils sont actuellement en composition à l'Imprimerie de la République.

Je ne ferai point l'énumération de ces ouvrages ; cela est inutile : je vous rappellerai seulement qu'on y imprime le *Voyage de La Pérouse,* ouvrage qui doit être un monument de la reconnaissance nationale envers les navigateurs célèbres dont l'Europe a pleuré la perte.

C'est dans cette Imprimerie nationale que toutes les impressions ordonnées par le Gouvernement reçoivent enfin, dans toute l'exécution, la beauté, la netteté et l'exactitude que peut donner la typographie.

Telle est en abrégé, Citoyens Représentants, la nature et l'organisation de l'établissement que vous avez voulu connaître.

Examinons à présent l'existence de l'Imprimerie de la République sous ses rapports politiques et d'économie.

Sous ses rapports politiques, je soutiens que s'il n'existait pas un établissement de cette nature, il faudrait se hâter de le créer. S'il est un État où le législateur doive communiquer rapidement avec les parties les plus éloignées, c'est une grande république, une république surtout accrue de nouveaux territoires, de nouveaux peuples. Là, l'empire de la loi, l'action du gouvernement, doivent se faire sentir en même temps partout ; partout l'exécution rapide des lois doit commander une prompte obéissance et faire, pour ainsi dire, marcher toutes les pièces de l'État du même pas.

Un établissement d'où partent, comme d'un centre, les lois pour toutes les parties de la République, pour toutes les autorités cons- tituées, qui fixe le moment où la loi devient obligatoire pour chaque département, a atteint ce but politique. Tels sont les avan- tages de l'Imprimerie de la République.

Avant l'organisation de cette imprimerie, la réimpression des lois dans les départements coûtait 15 millions, selon les comptes du ministre Rolland ; elle était lente, et souvent les lois n'étaient connues qu'après l'échéance des délais pour celles qui portaient des termes fixes d'exécution. La centralisation des impressions, en réduisant les dépenses des trois quarts, en abrégeant les lenteurs, a réuni l'économie dans les frais, l'uniformité et la célérité dans l'envoi des lois : sous ce double rapport, il est donc prouvé que l'établissement de l'Imprimerie nationale est extrêmement avanta- geux à la République. Pour se convaincre de ces avantages, il faut se figurer ce qu'il en coûterait, si les lois allaient encore être réim- primées dans chaque département. Si chaque ministère pouvait monter un établissement d'imprimerie pour son service, ne verrait- on pas encore se reproduire tous les inconvénients de la lenteur dans l'exécution des lois, ces dépenses de réimpressions, si oné- reuses au Trésor public, et que la loi a si sagement retranchées ? On a fait plusieurs objections contre l'établissement de l'Impri- merie de la République. Plusieurs nous ont paru sans fondement, et pouvoir être faites contre toute espèce d'établissements, parce qu'il en est peu qui soient entièrement parfaits.

EXTRAIT D'UN RAPPORT AU DIRECTOIRE EXÉCUTIF

PAR MERLIN (DE DOUAI), MINISTRE DE LA JUSTICE,

RELATIF À UNE PROPOSITION DE DUPONT (DE NEMOURS).

(26 ventôse an v.)

CITOYENS DIRECTEURS,

Vous avez désiré fixer votre opinion d'une manière définitive sur les avantages ou les inconvénients de la centralisation, dans l'Imprimerie de la République, des impressions qui se font à Paris aux frais du Trésor national, sur le régime le plus convenable à ce grand établissement et sur la forme de comptabilité la plus propre à éclairer cette partie de la dépense publique.

Pour remplir vos vues, je vous ai présenté, le 16 nivôse dernier, un rapport général sur cette imprimerie. J'y ai examiné et discuté, dans le plus grand détail, les inculpations qui, à diverses reprises, ont été dirigées contre l'Imprimerie nationale, les projets qui vous ont été présentés, soit pour en démembrer le service, en donnant à l'entreprise l'impression des lois, soit pour l'anéantir, en rendant à chaque ministre, à chaque administration dont les impressions sont à la charge du Trésor public, la faculté de se servir d'une imprimerie particulière, en restreignant les attributions de celle de la République à l'impression des ouvrages dont le Gouvernement jugerait devoir faire les frais pour en récompenser les auteurs et contribuer aux progrès des sciences et des lettres.

Vous avez reconnu dans ces déclamations contre des abus imaginaires et dans ces projets, toujours masqués par l'amour du bien public, les efforts d'une multitude de propriétaires d'imprimeries pour ressaisir les impressions d'administration qu'ils s'étaient partagées dans des moments de trouble et de confusion. Vous avez senti combien, au contraire, la centralisation, dans une seule imprimerie, des impressions payées par le Trésor national, est favorable à la surveillance de cette partie importante de la dépense publique, combien elle est nécessaire pour avoir toujours sous la main, et maintenir dans cette continuelle activité d'où dépend l'économie, des ouvriers auxquels l'impression des lois et celle de quelques ouvrages scientifiques ne peuvent fournir qu'une occupation intermittente.

Je n'ai pas eu besoin de vous faire remarquer, pour mon département en particulier, combien il importe à la sûreté et à la rapidité de la promulgation des lois que le ministre de la justice ait immédiatement à sa disposition, et hors de la dépendance d'un entrepreneur, les moyens nécessaires pour mettre dans cette opération l'ensemble et l'harmonie si essentiels dans une république étendue, et assurer sa responsabilité.

Vous avez apprécié à sa juste valeur le reproche fait au Gouvernement d'exercer un privilége exclusif et inconstitutionnel, en réunissant dans ses propres ateliers un travail fourni par lui seul et en économisant ainsi sur lui-même le bénéfice de l'entrepreneur.

Vous n'avez pu voir, comme on s'est efforcé de le persuader, la ruine du commerce de l'imprimerie et de la librairie dans l'impression, aux frais du Trésor public, de quelques ouvrages de science, d'une exécution difficile ou d'un débit lent, qu'un imprimeur particulier refuserait d'entreprendre, sinon à des conditions onéreuses pour l'auteur, dont le travail, utile aux progrès de la science, mérite cependant d'être encouragé et récompensé.

Vous avez trouvé aussi peu fondée l'objection contre le mode actuel de la régie, tirée de ce que la ci-devant Imprimerie du Louvre, maintenant l'Imprimerie de la République, était à l'entreprise, au moins en partie, puisque ce n'était point par choix, mais bien par nécessité. Les poinçons des caractères, quelques milliers seulement de caractères ou plombs, et un petit nombre de presses, appartenaient au Gouvernement. Le directeur était propriétaire du surplus, et la difficulté seule de l'évincer a laissé subsister longtemps un ordre de choses aussi onéreux aux finances qu'il était avantageux à l'entrepreneur. Les dépenses qui ont été faites depuis pour agrandir, améliorer et rendre en tout digne de son institution l'Imprimerie de la République, ont changé tout à fait la question.

Vous vous êtes convaincus, Citoyens Directeurs, des avantages que présente, sous le point de vue politique, une imprimerie du Gouvernement pourvue d'une typographie qui, gravée exprès pour elle et dans un système particulier, donne un caractère officiel, une garantie d'authencité aux lois, aux brevets, à la correspondance et aux divers actes du Pouvoir exécutif.

Sous le point de vue de l'économie, vous avez pensé que les produits des grandes manufactures étant, en général, les meilleurs et les moins chers, si ceux de l'Imprimerie de la République ne remplissaient pas ces deux conditions, il faudrait supposer que cet établissement fût mal administré; en conséquence, vous en avez examiné de nouveau les règlements et le régime intérieur; vous avez reconnu que tout y est combiné de manière à établir une responsabilité sévère pour les chefs, un contrôle scrupuleux de l'emploi des matières, une surveillance envers les ouvriers telle, qu'ils ne soient payés que du temps qu'ils ont réellement employé au travail, que le produit de la main-d'œuvre puisse être rigoureusement calculé, et que le service soit constamment assuré.

EXTRAIT D'UN RAPPORT AU CORPS LÉGISLATIF

PAR CAMBACÉRÈS, MINISTRE DE LA JUSTICE.

(Frimaire an VIII.)

. . . .

Je me persuade que cette foule de documents jettera le plus

grand jour sur les objections qui ont été faites et qui se renouvellent chaque année contre l'Imprimerie de la République. Il est
à désirer qu'un examen approfondi fasse désormais cesser les
attaques sourdes de l'envie et de l'intérêt personnel qui convoitent
ses dépouilles et qui, comptant sur la difficulté d'apercevoir les
ressorts compliqués d'une machine aussi vaste, cherchent à sur-
prendre la religion du Corps législatif. Il est temps de donner à
cet établissement la stabilité qui lui convient, et d'en faire un monument non moins utile qu'honorable pour la République.

LETTRE ADRESSÉE AU MINISTRE DES FINANCES

PAR ABRIAL, MINISTRE DE LA JUSTICE.

(17 vendémiaire an IX.)

J'ai reçu, mon cher Collègue, avec votre lettre du 11 de ce
mois, timbrée 3ᵉ division, 1ʳᵉ section, 1ᵉʳ bureau, les pétition et
soumission du sieur Baudouin, relatives à l'Imprimerie de la République et à l'envoi des lois. Ces pièces, qui m'étaient déjà par-
venues par l'intermédiaire de la Banque de France, avaient, dès le
7 de ce mois, donné lieu à un rapport très-étendu dont je vous
envoie subsidiairement une copie. Les éclaircissements qu'il contient sur les assertions fausses ou absurdes par lesquelles le sou-
missionnaire a essayé de motiver son projet de démembrement de
l'Imprimerie de la République vous mettront à portée de juger
combien ses propositions insidieuses sont contraires au bien public,
au nom duquel elles sont présentées. Les consuls sont trop convaincus de l'utilité de cette imprimerie; les avantages résultant,
pour l'administration ainsi que pour l'encouragement des sciences,
du grand ensemble des richesses typographiques et des travaux
qui y sont réunis, sous les rapports de la sûreté, de la célérité de

l'exécution et de l'économie, leur sont trop connus, pour qu'ils permettent qu'elle soit démembrée et livrée à la cupidité de l'intérêt privé. Telle est en particulier l'opinion du consul Cambacérès, qui a pris une connaissance approfondie de l'organisation de cet établissement et de la manière dont il est administré.

Écartant donc désormais les demandes des imprimeurs, dont celle formée par la Banque de France de la cession de la maison de Penthièvre est devenue le prétexte, je suis convenu dernièrement avec les régents que les directeurs de l'Imprimerie et de l'envoi des lois feraient de nouveau la recherche d'un local propre à recevoir l'Imprimerie ainsi que les bureaux, et ils s'en occupent d'une manière active.

Je vous salue.

ABRIAL.

EXTRAIT

D'UN RAPPORT A LA CHAMBRE DES DÉPUTÉS

PAR M. SAUNAC, DÉPUTÉ DE LA CÔTE-D'OR,

AU NOM DE LA COMMISSION DES COMPTES.

(11 mai 1829.)

. . . .

L'emploi d'autres imprimeries pour les besoins des administrations aurait de graves inconvénients; en effet, si l'Imprimerie royale, qui ne travaille pas pour les particuliers, cessait d'être exclusivement chargée des travaux du Gouvernement, elle éprouverait nécessairement des pertes et ne pourrait se soutenir qu'à l'aide des secours du Trésor.

RAPPORT A LA CHAMBRE DES DÉPUTÉS

PAR M. DE VATIMESNIL,

AU NOM DE LA COMMISSION DU BUDGET POUR L'EXERCICE 1832.

(Janvier 1832.)

Il nous reste à entretenir la Chambre d'un objet important, le budget de l'Imprimerie royale.

Avant d'entrer dans les détails de ce budget, il faut examiner une question que l'on peut appeler préjudicielle, celle de l'utilité d'une imprimerie au compte de l'État.

Cette question a été agitée à diverses époques. Elle l'a été, par exemple, sous la Convention et sous le Directoire. L'existence de l'Imprimerie de l'État fut alors vivement attaquée par les imprimeurs de la capitale. Ils échouèrent dans cette tentative.

Depuis la révolution de juillet, la suppression de l'Imprimerie royale a été demandée de nouveau; le Gouvernement s'est empressé de former une Commission pour examiner la matière. Plusieurs membres de la Chambre des députés, aussi connus par leur capacité que par l'indépendance de leurs opinions, siégeaient dans cette Commission. Le résultat du travail approfondi auquel elle s'est livrée a été que l'Imprimerie royale était un établissement utile, et que l'on ne pouvait songer à la détruire [1].

[1] Cette Commission était composée de MM. Daunou, membre de l'Institut, député; Firmin Didot, Humann et Salverte, députés; Allent, Delaire et Duchâtel, conseillers d'État; Gratiot, imprimeur; Renouard père, ancien libraire, maire du 11ᵉ arrondissement. Son rapport résumait ainsi qu'il suit ses appréciations sur la valeur des attaques dirigées contre l'Imprimerie de l'État:

L'Imprimerie royale, telle qu'elle existe aujourd'hui, est une création de la Révolution et paraît être pour ainsi dire née de ses besoins successifs.

Presque exclusivement renfermée, jusqu'en 89, dans la destination que lui

Votre Commission, Messieurs, s'est trouvée appelée à examiner
de nouveau cette question. Elle s'est entourée de tous les renseigne-

avaient donnée François Ier en la fondant, et Richelieu en l'établissant au
Louvre, elle n'avait guère été jusqu'à cette époque qu'un monument de luxe
typographique et de munificence littéraire. Les impressions administratives n'y
étaient qu'un de ses moindres attributs; c'est par les grands et beaux ouvrages
sortis de ses presses aux xvie, xviie et xviiie siècles, par les obligations qu'ont
eues les lettres grecques et latines aux éditions du Louvre, et par sa magnifique
collection des types orientaux, qu'elle a acquis la célébrité dont elle jouit en
Europe.

La Révolution, en la prenant à son service et à son compte, lui a donné un
grand but d'utilité politique, et, sans lui rien ôter de sa destination primitive,
elle en a fait l'auxiliaire de l'Administration, et comme un grand bureau d'expédition ajouté à chacun de ses ministères.

Au commencement de la Révolution, chacun des pouvoirs publics avait son
imprimerie. L'Imprimerie royale était devenue celle du Pouvoir exécutif; le
pouvoir législatif avait la sienne; une imprimerie spéciale avait été assignée au
Bulletin des lois, une autre aux administrations nationales, etc. Ces services
dispersés et les relations des administrations avec les entrepreneurs particuliers ayant donné naissance à des désordres et à des abus de plus d'une sorte,
toutes ces imprimeries particulières cédèrent par degrés leurs attributions à
une seule, placée sous la juridiction du ministre de la justice. Ainsi on n'avait
pas tardé à reconnaître la nécessité d'une centralisation qui, indispensable à
la régularité et à la rapidité du service, arrêtât les abus, ou du moins, en les
refoulant vers un seul point, en rendît la surveillance et la répression plus
faciles.

Cette centralisation a été dès lors l'objet de graves attaques, qui se sont
renouvelées à chaque changement de Gouvernement, et, chaque fois, ont
donné lieu, à un examen semblable à celui qui a occupé la Commission. Sous
la République, les imprimeurs de Paris se sont élevés contre l'Imprimerie de
l'État. L'agence de l'envoi des lois a examiné leurs réclamations et la Convention les a repoussées.

Sous le Directoire, elles n'ont pas trouvé plus favorable le rapport du ministre qui occupait alors le département de la justice.

Sous l'Empire, des réclamations nouvelles ont donné lieu au Conseil d'État
d'examiner à fond cette question, et le résultat de son examen a été le décret
de 1809, qui, laissant cette administration assise sur les bases que lui avait

ments propres à l'éclairer. Elle va vous exposer, par mon organe, l'opinion qu'elle s'est formée à ce sujet.

données la loi constitutive de l'an iii, en améliore le système et en complète les attributions.

Mieux écoutées un moment, sous la Restauration, les réclamations des imprimeurs ont obtenu enfin une libre concurrence. Mais l'ordonnance de 1814 livrait en même temps l'Imprimerie de l'État à un directeur usufruitier, et, après sept ans d'un essai qui apparemment ne fut pas favorable, l'ordonnance de 1823 est revenue au système exclusif établi par la loi de ventôse et le décret de 1809, sous le régime desquels l'Imprimerie royale subsiste aujourd'hui.

S'il est difficile de penser que ces Gouvernements successifs, quelles que soient la diversité de leurs intérêts et la différence des temps, se soient trouvés d'accord pour maintenir cet établissement sans un avantage réel pour l'État, il ne serait pas juste de croire que par cela même qu'une chose a été longtemps défendue et respectée, elle ne saurait être un abus; et cette question, bien que souvent controversée et approfondie, ne pouvait manquer d'attirer de nouveau l'attention d'un Gouvernement dont la mission est de réparer tous les torts comme de reconnaître tous les droits. Les précédents même les plus favorables ne sauraient exercer une raisonnable influence sur la liberté d'un nouvel examen.

Les imprimeurs élèvent contre l'Imprimerie royale plusieurs chefs d'accusation :

1° La centralisation des divers travaux de l'État dans un seul établissement paralyse non-seulement l'industrie de la capitale, mais celle de la province et des ports de mer; c'est un empiétement sur le commerce, une usurpation des travaux qui le feraient vivre.

2° Cette centralisation, dans une imprimerie dont l'utilité pour les sciences et l'administration est douteuse, n'est point économique, n'obtient pas à plus bas prix que les ateliers du commerce les impressions dont l'État a besoin. L'industrie particulière a plus de moyens d'obtenir l'économie, plus d'intérêt à la chercher, plus de zèle pour l'atteindre qu'un établissement public; les tarifs de l'Imprimerie royale sont plus élevés que les prix du commerce; la régie est plus onéreuse que l'entreprise.

3° Enfin, cet établissement fût-il utile au Gouvernement et avantageux au Trésor, ce que le commerce n'admet pas, il est destructif des droits d'une libre industrie; c'est contre un privilége et contre un monopole que s'élève la voix

L'Imprimerie royale comprend un établissement précieux et unique en Europe : c'est la typographie orientale. Il n'existe nulle

publique. Le monopole et le privilége sont incompatibles avec un règne de liberté.

Telles sont les allégations, souvent renouvelées, que la Commission a dû examiner.

Si la question élevée entre le commerce et l'Imprimerie royale était simplement une question économique, il suffirait pour la résoudre de balancer les recettes et les dépenses de l'Imprimerie royale et de comparer ses tarifs aux prix du commerce. Mais il n'en est pas ainsi. Cet établissement n'a pas pour but unique, ni même pour but principal, de confectionner les impressions du Gouvernement au plus bas prix possible. Il en a un autre plus élevé, plus important, et c'est en le considérant sous un double rapport que la Commission a dû se demander d'abord : Y a-t-il des impressions qui rendent indispensable une imprimerie de l'État? en d'autres termes, l'Imprimerie royale doit-elle être conservée?

Comme établissement scientifique, la question ne semble pas douteuse. L'Imprimerie royale dépense et ne produit pas; elle imprime gratuitement, elle rend publics d'importants ouvrages d'art ou de science qui, étant d'un débit peu sûr ou du moins très-lent et très-limité, ne trouveraient certainement pas d'imprimeurs; elle est indispensable surtout aux lettres orientales, qui, sans elle, s'éteindraient en France. Les secours qu'elle offre, et que seule elle peut offrir aux savants, et l'honneur qu'elle fait au pays ne laissent pas, sous ce rapport, la moindre hésitation.

Sous le rapport politique, il ne semble pas qu'il puisse y avoir plus d'incertitude. On ne saurait nier l'utilité, comme moyen de gouvernement, d'un lieu de centralisation d'où l'administration répand d'une manière uniforme, authentique et pour ainsi dire légale, tout ce qui doit émaner d'elle. On ne saurait, sans nuire à la régularité et à la rapidité de son action, la dépouiller d'un service prêt à répondre dans tous les moments à toutes les exigences, qui offre une grande facilité de surveillance et de contrôle, et qui n'est exposé à aucune des interruptions, à aucun des retards dont les établissements du commerce ne sauraient pas toujours se garantir.

Il est des impressions de l'État qui demandent un matériel considérable, un immense déploiement de moyens, et tel qu'on le peut trouver seulement à l'Imprimerie royale; il en est d'autres qui ont une valeur et portent un timbre ou qui exigent le secret, et qui ont besoin d'un établissement dont l'entrée soit part une collection aussi complète de caractères orientaux, ni des hommes aussi aptes à les mettre en œuvre.

interdite au public. Les raisons d'urgence, le besoin de garanties particulières, la nécessité de conserver pendant longtemps un grand nombre de formes composées, toutes et chacune de ces raisons n'ont pu laisser la Commission incertaine sur l'impérieuse nécessité d'une imprimerie de l'État.

Elle n'a pas dû s'arrêter sérieusement à l'accusation de monopole et de privilége et discuter longtemps le plus ou moins de droits qu'a le Gouvernement de confectionner dans une imprimerie à lui les impressions que réclame son service. Il lui a paru tout d'abord évident que l'État n'usurpe en rien les droits de l'industrie, n'empiète pas sur le domaine du commerce, lorsqu'il confectionne dans ses propres ateliers un travail fourni par lui-même : il n'exerce là contre le commerce aucune concurrence; il ne produit pas pour les particuliers ; il ne vend pas. Au lieu d'employer la main de ses commis, il prend des presses pour expéditionnaires. L'Imprimerie royale n'est véritablement pour lui qu'une grande machine à abréger le travail et le temps; et si, à la célérité, à la régularité, à la sûreté qu'y trouve son service, se peut joindre l'économie, c'est non-seulement le droit de l'État de l'employer, mais c'est son devoir; car c'est son devoir de faire confectionner au plus bas prix possible tout ce que payent, en définitive, les contribuables.

L'État est donc dans son droit quand il travaille dans son imprimerie et fait sur lui-même, au profit des contribuables, le bénéfice de l'entrepreneur. Ainsi, rien n'empêche la question d'utilité d'avoir toute sa valeur.

La Commission a donc dû reconnaître la nécessité, pour les sciences et pour l'administration, d'une imprimerie de l'État. Elle a jugé que l'Imprimerie royale devait exister, avant même de rechercher si elle était ou non économique. Pour toutes les impressions ci-dessus indiquées, la question d'utilité suffit: la question d'économie disparaît devant des considérations plus puissantes. Mais pour toutes les impressions qui peuvent, sans danger ou avec moins d'inconvénients, être abandonnées au commerce, elle redevient la question véritable, question grave et qui présente des difficultés que la Commission n'a sans doute pas toutes surmontées.

La comparaison des dépenses de l'Imprimerie royale avec ses produits et des prix de ses tarifs avec ceux du commerce semblerait avoir dû suffire pour obtenir sur ce point un résultat à peu près exact et positif. Mais s'il suffit, pour connaître la dépense totale de l'établissement, d'ajouter à ses dépenses annuelles l'intérêt du capital engagé, l'évaluation de ses produits ne saurait

Chaque jour les orientalistes des pays voisins sont obligés de recourir à l'Imprimerie royale pour faire imprimer leurs ouvrages. On ne pourrait donc proposer sérieusement de détruire cette partie si intéressante de l'Imprimerie royale; elle est sous la double protection de votre zèle pour la gloire nationale, et de votre amour pour les sciences.

Parmi les impressions de l'État, il en est aussi qui doivent nécessairement être exécutées par un établissement dépendant du gouvernement. Nous ne citerons qu'un seul exemple, celui du *Bulletin des lois*. Il est des cas où l'intérêt de l'État exige que cette publication soit extrêmement prompte. Pourrait-on obtenir, d'une manière certaine, cette rapidité d'exécution d'une imprimerie particulière? Le *Bulletin des lois* se tire à 5o,ooo exemplaires.

L'Imprimerie royale possède de vastes moyens qu'on dirige vers un seul objet, lorsqu'il est urgent, et on obtient en quelques heures ce qu'une imprimerie ordinaire ne pourrait donner que dans l'espace de quelques jours.

offrir aux calculs une base aussi sûre, puisque ses tarifs sont réglés administrativement. L'État établit lui-même les prix que paye l'État. Sont-ce des prix tels que les déterminerait le libre cours du commerce? Sont-ils au-dessus ou au-dessous de ceux que le Gouvernement obtiendrait par voie d'adjudication? Autre difficulté. Les travaux de l'Imprimerie royale sont divers, compliqués, différents des travaux ordinaires du commerce; les objets de comparaison sont rares et manquent toujours en quelque point d'une exacte similitude. Comment établir avec assez de précision la balance de leur prix? Et si d'ailleurs quelques-uns des prix des tarifs étaient reconnus plus élevés que ceux du commerce, cela prouverait-il que l'État débourse davantage? Non, puisque le bénéfice est reversé dans la caisse de l'État. Quoi qu'il en soit, la Commission s'est rapprochée le plus qu'il lui a été possible de la certitude; elle a pu comparer des travaux faits à l'Imprimerie royale avec des travaux de même nature faits dans des imprimeries du commerce pour des administrations publiques; elle a interrogé la comptabilité de l'établissement, les assertions contradictoires des mémoires publiés par les imprimeurs de Paris et des réponses qu'y a faites l'établissement de l'État; elle a interrogé l'expérience des ministères; ceux des finances, de la guerre, de la marine, des affaires étrangères, lui ont répondu;

Ces réflexions justifient déjà l'existence de l'Imprimerie royale.

Dès qu'il est reconnu que le Gouvernement doit conserver la partie scientifique de l'Imprimerie royale, et qu'il doit pareillement, pour certains objets, en conserver la partie usuelle, il est impossible de ne pas reconnaître que ce qui convient le mieux est de maintenir l'état actuel des choses.

En effet, la question n'est plus celle-ci : Y aura-t-il ou non une imprimerie de l'État? mais il faut la poser dans les termes suivants : L'Imprimerie de l'État doit-elle continuer d'exister sur une vaste échelle, ou doit-elle être réduite à des proportions plus étroites ?

Or, il est évident que, si on la réduisait à des proportions plus étroites, il en résulterait un désavantage pécuniaire considérable. Dans toutes les entreprises industrielles, il y a des dépenses qui sont les mêmes pour un grand établissement que pour un établissement d'une étendue médiocre; en sorte que, jusqu'à une certaine quotité de fabrication, on est en perte, et qu'au delà de cette limite

et enfin, appuyée de ces documents plus ou moins favorables à l'Imprimerie royale, sa majorité a été amenée à cette opinion, que l'Imprimerie royale n'est point onéreuse à l'État et travaille même à plus bas prix que les particuliers. Si la question économique eût embrassé l'établissement tout entier et eût dû être décidée d'après l'hypothèse d'une totale suppression, la balance entre ses prix et ceux du commerce eût pu sembler plus indécise. Mais l'Imprimerie royale existe, elle est reconnue nécessaire. Dotée d'un certain nombre d'impressions placées dans une catégorie exceptionnelle, elle a, par conséquent, besoin pour confectionner ces impressions, d'une administration, de vastes bâtiments, d'un matériel considérable. Les frais généraux une fois faits, moins d'impressions lui sont laissées pour les supporter, plus elles sont onéreuses à l'État. Ces frais, répandus sur un grand nombre de services, diminuent en raison du plus grand nombre de services entre lesquels ils se partagent. Les impressions additionnelles ne coûtent plus que la main-d'œuvre. Les approvisionnements faits en grand s'opèrent par cela même avec plus d'économie. Aussi l'Imprimerie royale, comme toutes les autres entreprises industrielles, offre-t-elle la preuve de cette vérité, qu'un grand établissement doit produire à plus bas prix que plusieurs petits.

les bénéfices augmentent dans une forte progression, à mesure que la fabrication s'agrandit.

Il y a, pour l'Imprimerie de l'État, des dépenses obligées. Parmi ces dépenses figure, comme nous l'avons déjà dit, celle de la typographie orientale. Il faut y ajouter les impressions gratuites, que l'on accorde pour certains ouvrages de science ou d'érudition. Ces impressions gratuites s'élèvent annuellement à 40,000 fr. Dans l'état actuel des choses, les dépenses dont je viens de faire mention, et plusieurs autres, telles que les frais d'administration, sont couvertes par les bénéfices d'impressions usuelles; car les recettes et les dépenses de l'Imprimerie royale se balancent chaque année, à très-peu de chose près. S'il y a excédant de recette, il est versé au Trésor. Supposons maintenant que l'on rétrécisse d'une manière considérable le cadre de cet établissement, les dépenses obligées resteront, et les bénéfices des impressions usuelles ne les couvriront plus; il y aura donc préjudice pour l'État.

Cependant, on fait, contre l'Imprimerie royale, quelques objections, qu'il faut examiner.

On soutient, d'abord, que cet établissement est onéreux à l'État, parce que ses tarifs d'impression sont plus élevés que ceux du commerce, et parce qu'en supprimant l'Imprimerie royale on ferait rentrer au Trésor le capital nécessaire pour son exploitation et on pourrait aliéner les bâtiments qu'elle occupe.

Si la première raison était exacte en fait, elle serait très-grave; mais il nous a paru certain, au contraire, que les prix de l'Imprimerie royale, loin d'être supérieurs à ceux du commerce, leur sont inférieurs; qu'ainsi la destruction de cette imprimerie, au lieu de produire une économie, amènerait une augmentation de dépense. Cette vérité a été constatée par la Commission d'examen que M. le garde des sceaux avait formée.

Nous savons qu'à l'avis de cette Commission, sur le point dont il s'agit, on oppose un exemple : cet exemple est celui des impressions de la Chambre des députés. L'Imprimerie royale, dit-on, exécutait ces impressions : elles ont été données à une imprimerie du commerce, et il en est résulté un rabais de 21 p. o/o.

Votre Commission a dû examiner avec attention ce fait, qui serait décisif, si le rabais dont nous venons de parler était réel ; et voici ce qui est résulté de cet examen. Sans doute, l'imprimeur actuel de la Chambre livre la feuille d'impression à 21 p. o/o de moins que ne la livrait l'Imprimerie royale ; mais la feuille qui sort des presses de cet imprimeur ne contient que douze cent huit lettres à la page, tandis que celle qui sortait des presses de l'Imprimerie royale en contenait quinze cent quarante. En faisant le calcul, on trouve que ce qui coûte maintenant à la Chambre 72 fr. 10 cent. ne lui revenait, lors de son marché avec l'Imprimerie royale, qu'à 69 fr. 73 cent.

Le rabais n'est donc qu'apparent, et cet exemple est concluant en faveur de l'Imprimerie royale, bien loin de l'être contre elle.

Ajoutons qu'il résulte d'explications qui nous ont été données par le directeur de l'Imprimerie royale que, dans le marché passé entre la Chambre des députés et l'Imprimerie royale, cette imprimerie s'était le plus possible rapprochée des prix du commerce, de manière, toutefois, à rester de quelque chose au-dessous de ces prix ; mais que ses tarifs pour les administrations dont elle est tenue de faire le service sont beaucoup moins élevés ; que la feuille d'impression contenant quinze cent quarante lettres, qui coûtait à la Chambre 69 fr. 73 cent., ne coûte à ces administrations que 56 fr. 37 cent.

Il paraît donc que les prix de l'Imprimerie royale sont notablement inférieurs aux prix du commerce.

Quant à la considération tirée de ce que, en cas de suppression de l'Imprimerie royale, le capital nécessaire à son exploitation rentrerait au Trésor, et que les bâtiments pourraient être vendus, elle n'est pas importante.

D'abord il y aurait une perte immense à faire sur la portion de ce capital qui a été convertie en mobilier d'imprimerie.....

Enfin, nous avons déjà remarqué que l'on ne pourrait pas supprimer complétement l'Imprimerie royale, mais seulement la réduire à de moindres proportions. Il faudrait donc qu'elle conservât une partie de ses bâtiments et une partie de son capital. Vous voyez d'un coup d'œil qu'il ne résulterait de ce changement qu'un avantage pécuniaire nul ou du moins très-faible, et incapable, en tout cas, de balancer les autres inconvénients qui en seraient la suite.

Mais on attaque encore l'Imprimerie royale comme jouissant d'un monopole, et on fait valoir contre elle le principe de la libre concurrence de l'industrie et du commerce.

Il faut bien s'entendre sur ce point.

Si, en matière de fabrication, l'État n'a pas plus de droit que les particuliers, il est incontestable qu'il n'en a pas moins. Ainsi, l'État, comme toute personne, a la faculté de manufacturer les objets qu'il consomme. Ce n'est pas là un monopole. L'exercice de cette faculté ne pourrait donner lieu à des reproches fondés qu'autant que les produits ainsi obtenus seraient plus chers que ceux qui sont fournis par l'industrie particulière ; mais si l'État fabrique à aussi bon compte, et, à plus forte raison, s'il fabrique à meilleur marché, nul n'est recevable à se plaindre de cet état de choses.

Or, nous avons déjà expliqué que l'Imprimerie royale était dans ce dernier cas.

Les réclamations des imprimeurs ne seraient fondées qu'autant que l'Imprimerie royale travaillerait pour les particuliers..... Mais ce reproche est sans application à l'organisation de l'Imprimerie royale, car les statuts de cette imprimerie lui interdisent de se charger d'impressions pour les particuliers, à l'exception, toutefois, des impressions en caractères orientaux, qui ne pourraient être exécutées ailleurs.

S'il n'y avait pas d'Imprimerie royale, ou si elle était restreinte dans un cadre très-resserré, et que les impressions des diverses administrations fussent mises en adjudication, il serait possible qu'elles fussent adjugées à un seul imprimeur ou à plusieurs imprimeurs réunis en société. Quelle serait alors la situation des autres imprimeurs de la capitale ?

L'adjudicataire ou la société adjudicataire, assuré d'un travail constant et immense, opérerait en grand et étendrait ses moyens d'exécution de manière à faire descendre sans désavantage ses prix au-dessous du taux ordinaire ; et, comme on ne pourrait lui interdire d'imprimer pour les particuliers, les autres imprimeurs seraient infailliblement écrasés. Cette considération a été développée dans le sein de la Commission d'examen formée par le ministre de la justice, et elle a paru tellement puissante, que les adversaires de l'Imprimerie royale n'ont pu y répondre qu'en demandant que, dans l'ordonnance qui interviendrait sur cette matière, il fût inséré un article portant qu'un imprimeur ne pourrait soumissionner des travaux que d'*une seule administration*. Mais si l'on admettait un tel système, les avantages de la concurrence disparaîtraient en grande partie, et tout se réduirait à une sorte de distribution bénévole que l'État ferait de ses impressions entre les principaux ateliers d'imprimerie de Paris.

Nous croyons que cette discussion est décisive en faveur de l'Imprimerie royale, et que cet établissement doit être maintenu dans son état actuel.

DISCOURS PRONONCÉS A L'ASSEMBLÉE NATIONALE

PAR MM. ROUHER ET CRÉMIEUX,

DANS LA SÉANCE DU 24 JUILLET 1851,

AU SUJET DU PROJET DE LOI PORTANT DEMANDE D'UN CRÉDIT EXTRAORDINAIRE

DE 60,000 FRANCS

AU BUDGET DE L'IMPRIMERIE NATIONALE POUR L'EXERCICE 1851.

DISCOURS DE M. ROUHER.

MESSIEURS,

La question soumise à votre appréciation par l'honorable M. Barthélemy Saint-Hilaire n'est pas précisément celle qui est soulevée par le projet de loi.

Le projet de loi vous demande purement et simplement un crédit de 60,000 francs : 50,000 francs sont destinés à la confection d'un atelier, et 10,000 francs à l'achat d'une presse mécanique.

A propos de ce crédit, dont l'utilité intrinsèque est incontestable, on revient sur une question bien plus large, celle de savoir si l'Imprimerie nationale doit être conservée dans toute son étendue et dans tout son développement.

Cette question n'est pas nouvelle; elle a été examinée à diverses époques, et résolue toujours dans le même sens.

En 1796, les mêmes plaintes que celles que vous venez d'entendre étaient soulevées par les imprimeurs de Paris. M. Merlin (de Douai), après un scrupuleux examen, faisait un rapport et concluait au maintien de l'Imprimerie nationale. La question était de nouveau soulevée en 1808, et, sur un rapport de M. Pasquier, les prétentions de l'imprimerie parisienne étaient encore repoussées.

À toutes ces époques, on examinait les allégations qui viennent d'être reproduites et qui consistaient à dire que les prix moyennant lesquels l'Imprimerie nationale fait ses livraisons sont supérieurs à ceux moyennant lesquels l'industrie privée peut exécuter; toujours ces allégations ont été reconnues erronées.

En 1814, cet état de choses fut modifié, non pas au point de vue des intérêts des imprimeurs de Paris, mais parce qu'on voulait appliquer à l'Imprimerie nationale un système de fermage que je n'ai pas à examiner aujourd'hui, mais qui a été complétement condamné par l'expérience; si bien qu'en 1823 on revint sur l'ordonnance de 1814 et qu'on réorganisa d'après les bases de l'an II, de l'an III et de 1809 l'exploitation et le développement de l'Imprimerie nationale.

En 1832, après la révolution de juillet, la question fut de nouveau posée aux Chambres; elle fut examinée (et cela était plus opportun que dans les circonstances actuelles) par la Commission du budget. Un rapport très-approfondi de l'honorable M. de Vatimesnil condamna encore la prétention des imprimeurs de Paris. Ce rapport avait été précédé de la formation d'une commission administrative, qui avait été chargée d'étudier spécialement la question de savoir si le grand établissement de l'État imprimait à des conditions plus onéreuses que l'industrie privée. La question fut résolue, et par la Commission du Gouvernement et par la Commission du budget, d'une manière défavorable aux prétentions des imprimeurs.

C'est dans cette situation qu'on renouvelle le débat.

Eh bien, quelle est la pensée du projet de loi? Voyons-le avant d'examiner les objections présentées par M. Barthélemy Saint-Hilaire. Cette pensée, c'est de faire droit au seul reproche qui a été formulé jusqu'à ce jour contre l'Imprimerie nationale.

L'Imprimerie nationale a usé jusqu'à présent de presses manuelles pour la presque totalité des impressions. Or, il est incontestable que, pour certains ouvrages tirés à un très-grand nombre d'exemplaires, les presses mécaniques sont plus avantageuses. En 1850, lors de la discussion du budget, si mes souvenirs sont exacts, M. Hovyn de Tranchère, dans l'examen qu'il faisait du budget en général, arrivant à l'Imprimerie nationale, disait : « Qu'est-ce donc que cet établissement? Il est profondément arriéré. Partout on se sert de presses mécaniques, tandis que là on ne se sert que de presses manuelles. »

Je dis donc que, en 1850, c'était précisément l'objet d'une plainte émanée d'un membre de la Commission du budget, et qui avait été présentée par la Commission elle-même, que cette existence des presses manuelles et l'absence des presses mécaniques dans le grand établissement de l'Imprimerie nationale.

Le reproche était fondé dans une certaine mesure, car la substitution absolue des presses mécaniques aux presses manuelles est impossible, par des considérations que je toucherai tout à l'heure, si vous me le permettez.

Pourquoi l'Imprimerie nationale n'avait-elle pas fait cette substitution? Elle y avait été autorisée dès 1828, et des presses mécaniques avaient été établies à cette époque; mais elles furent brisées en 1830, par suite d'une de ces colères aveugles que les ouvriers exercent quelquefois contre les machines.

Maintenant, Messieurs, j'arrive à l'autre ordre de faits ou de considérations présentés par l'honorable M. Barthélemy Saint-Hilaire.

L'Imprimerie nationale doit-elle subsister comme établissement public? Les développements donnés à cet établissement sont-ils exagérés ou non?

L'honorable M. Barthélemy Saint-Hilaire a reconnu que,

comme établissement d'art, établissement modèle, scientifique, l'Imprimerie nationale ne pouvait être renversée; il a ajouté, avec un sentiment que je m'explique, qu'il y aurait ingratitude de sa part à formuler une pareille demande. J'ajoute, à mon tour, qu'il y aurait une essentielle inopportunité, car ce serait au moment où l'Imprimerie nationale, objet de l'admiration de l'étranger, paraît être appelée à voir reconnaître sa supériorité sur toutes les imprimeries de l'Europe. Tous ceux qui ont visité cet établissement, tous ceux qui ont vu ses travaux savent de quelle importance il est au point de vue de la science et de l'art, et quelles richesses il contient en caractères étrangers, en caractères de toute nature et en caractères français.

Comme établissement usuel, c'est-à-dire pour l'exécution des travaux typographiques habituels, pouvez-vous supprimer, ou restreindre, ou réduire l'Imprimerie nationale? C'est là la question, car vous ne l'attaquez pas comme établissement scientifique.

L'Imprimerie nationale repose sur ce principe, que toutes les impressions administratives payées sur les fonds de l'État doivent être exécutées par l'Imprimerie nationale. Hors de là aucune concurrence possible, aucune concurrence tentée par l'Imprimerie elle-même. C'est là ce que décidaient le décret de 1809, les lois antérieures, et c'est ce qu'a décidé, plus tard, l'ordonnance de 1823.

Cela est-il nécessaire? Je n'ai besoin que de l'avis de M. Barthélemy pour en être convaincu. Est-il possible un instant d'admettre que le *Bulletin des lois* soit imprimé par une industrie privée?

Il est impossible, dis-je, d'enlever l'impression du *Bulletin des lois* à une imprimerie officielle appartenant à l'État. Cela a été de tous les temps, de toutes les époques; depuis l'origine, l'Imprimerie nationale a été organisée avec cette destination. Il est impossible de lui enlever certains autres travaux importants, confidentiels, qui doivent être exécutés par une imprimerie présentant les plus grandes garanties de discrétion et de rapidité. J'en appelle aux membres de la Commission de l'enquête sur la marine: je leur demande si l'industrie privée aurait pu exécuter, avec la même rapidité, avec le même soin, aux conditions qui ont été imposées à l'impression elle-même, c'est-à-dire aux conditions de secret, parfaitement légitimes, le travail que cette Commission lui a confié.

Il est donc incontestable que, sous les rapports usuels, l'Imprimerie nationale est nécessaire; le *Bulletin des lois*, les travaux administratifs, ceux qui exigent de la rapidité, ceux qui occasionnent des frais de composition importants, ceux qui sont dans des conditions d'urgence, doivent être exécutés par l'Imprimerie officielle, toujours aux ordres des pouvoirs publics, et pouvant, dans des conditions de rapidité et de garantie, livrer les travaux que l'Administration lui demande.

Si cela est vrai, que me réclamez-vous? Vous me réclamez, pour l'industrie privée, les autres impressions administratives qui sont faites dans l'intérêt des administrations centrales de Paris; vous me les réclamez par des considérations de justice et d'économie. Voyons ces deux considérations.

La considération de justice. Les imprimeurs de Paris seraient atteints dans leurs droits par l'affectation spéciale donnée à l'Imprimerie nationale. Mais ils ont obtenu leurs brevets sous l'empire de cette condition. Cet état de choses a duré. On ne leur a rien enlevé; on a maintenu les attributions de l'Imprimerie nationale telles qu'elles étaient à l'origine. Originairement, il y en avait même deux autres, l'imprimerie du cabinet du roi et l'imprimerie de la loterie, qui exécutaient toutes les impressions des administrations centrales.

On ne les a en rien atteints dans leurs droits, dans leurs facultés; l'état de choses qui existe a existé de tout temps; aucun préjudice nouveau, par voie d'attributions nouvelles, n'est opéré vis-à-vis de l'industrie privée.

Les considérations d'économie. Ici l'honorable M. Barthélemy Saint-Hilaire a beaucoup affirmé.

Je vais faire, pour mon compte, connaître ce que je crois être la vérité, la vérité d'une manière absolue, sous ce rapport.

Je l'ai déjà dit, il est très-vrai que, pour certains modèles, l'industrie privée peut livrer à meilleur compte que l'Imprimerie nationale, lorsque l'industrie privée emploie les presses mécaniques, tandis que l'Imprimerie nationale emploierait les presses manuelles.

Nous sommes d'accord sur ce point; mais, en thèse générale, d'une manière absolue, pour la masse des impressions, est-il vrai que le taux de l'Imprimerie nationale soit supérieur au taux de l'industrie privée?

Cette allégation a été produite en 1832; elle a été vérifiée par la Commission du budget, dont l'honorable M. de Vatimesnil était rapporteur.

Voici les faits qui ont été constatés, à cette époque, par l'honorable M. de Vatimesnil lui-même.

La Chambre des députés, qui n'était pas astreinte en 1832, et vous ne l'êtes pas davantage aujourd'hui, à l'obligation de faire imprimer par l'Imprimerie nationale ses divers travaux, s'était adressée à l'industrie privée; elle avait obtenu un rabais de 21 p. o/o, et tous les orateurs, toutes les parties intéressées venaient dire : Vous avez là une preuve matérielle de la différence de prix entre l'une et l'autre exploitation. La Commission du budget vérifie, et elle constate que la feuille d'impression de l'Imprimerie nationale contenait trois cent trente-deux lettres de plus par page que la feuille de l'industrie privée. Elle applique cette différence au prix qui avait été stipulé, et il en résulte que le prix de l'industrie privée était de 72 francs et quelques centimes par feuille, tandis que le prix de l'Imprimerie nationale était, pour les travaux de la Chambre des députés, avec laquelle on avait traité en vertu d'une autorisation législative, de 69 fr. 73 cent. c'est-à-dire qu'il y avait environ

2 fr. 37 cent. de différence, au profit de l'Imprimerie nationale, entre les deux marchés. L'Imprimerie nationale, vis-à-vis des administrations à l'égard desquelles elle est obligée par des tarifs que des délégués des ministères font tous les ans, en vertu des ordonnances sur la matière, donne les mêmes feuilles au prix de 56 fr. et quelques centimes.

Ainsi, en 1832, il est allégué que l'industrie privée peut imprimer à un prix inférieur à celui de l'Imprimerie nationale; un marché fait par la Chambre des députés constate un rabais apparent de 21 p. o/o, et puis l'application constate une différence de trois cent trente-deux lettres par page, une différence de 2 francs et quelques centimes sur le prix de chaque feuille d'impression vis-à-vis des impressions de la Chambre des députés et, vis-à-vis des administrations, une différence de 13 francs et quelques centimes au profit de l'Imprimerie nationale.

En vérité, pour ceux qui ont l'expérience de la typographie (j'avoue que je ne l'ai pas, mais je me suis renseigné à l'Imprimerie nationale elle-même et j'ai étudié les faits), pour ceux qui connaissent la typographie, il y a des prix apparents qui semblent excellents, avantageux; mais ensuite viennent les mémoires additionnels, complémentaires, les réclamations diverses, et il en résulte tout simplement que, quand on croyait avoir fait un bon marché, on en a fait un très-mauvais. C'est ce qui arriva en 1832. Il y a là quelque chose de capital comme preuve des allégations que j'ai l'honneur de vous présenter.

Les *étoffes* (j'emploie les expressions techniques), les étoffes, dans l'industrie privée, sont fixées, au minimum, à 50 p. o/o. Je vous disais, il y a un instant, que l'Imprimerie nationale n'était pas maîtresse de ses tarifs. Ce n'est pas elle qui les fait, ce sont des délégués des diverses administrations centrales qui annuellement se réunissent, vérifient les tarifs et les fixent pour toute l'année. Eh bien, les étoffes, dans les tarifs de l'Imprimerie nationale, sont fixées à 33 p. o/o, c'est-à-dire qu'il y a une différence de 17 p. o/o environ entre les étoffes de l'Imprimerie nationale et celles de l'industrie privée. Si je voulais entrer dans les chiffres, je vous démontrerais l'importance de cette différence, eu égard aux impressions exécutées par l'Imprimerie nationale elle-même.

Allons plus loin, approfondissons davantage la situation de l'Imprimerie. Il arrive fréquemment que les administrations de province traitent avec des imprimeurs privés, car l'Imprimerie nationale n'imprime rien pour les administrations de province. Je puis l'affirmer d'une manière positive, tout ce qui appartient aux administrations centrales est imprimé par l'Imprimerie nationale, mais tout ce qui est imprimé dans l'intérêt des administrations de province est imprimé par l'industrie privée. Et cela est si vrai que, lorsque les administrations de province traitent pour leurs imprimés, soit avec des imprimeurs de Paris, soit avec des imprimeurs de province, elles stipulent qu'en cas de contestation l'Imprimerie nationale vérifiera les mémoires. Les mémoires sont vérifiés par l'Imprimerie nationale. Savez-vous ce que fait l'Imprimerie nationale? Elle applique des tarifs supérieurs, qui ne sont pas les siens, parce que, ayant le bénéfice d'un capital prêté par l'État, du bâtiment, qui est exonéré de contributions et de patente, étant enfin dans une situation meilleure, elle peut avoir des prix inférieurs. Sur 1,204,000 francs de mémoires vérifiés, il y a eu une réduction opérée d'après les bases que je viens de vous indiquer, bases supérieures aux tarifs de l'Imprimerie nationale, il y a eu une réduction de 131,000 francs. Et vous voulez soutenir que l'industrie privée livre à meilleur compte que l'Imprimerie nationale! Je pourrais même ajouter, si je voulais entrer dans les détails, qu'un imprimeur de Paris a fourni un mémoire qui a été réduit de moitié, en prenant pour base un tarif supérieur de beaucoup à ceux de l'Imprimerie nationale.

Vous voyez donc que ces allégations, qui ont été vérifiées à plusieurs reprises par les hommes les plus compétents, ont toujours été reconnues erronées.

Je vais plus avant dans votre argument. Vous nous parlez d'économies qui seraient réalisées; vous prétendez que des bénéfices seraient faits par l'industrie privée.

Raisonnons un peu. Que deviennent donc les bénéfices de l'Imprimerie nationale?

Lorsque l'industrie privée opérera des bénéfices sur les impressions administratives, elle les mettra très-légitimement dans sa caisse : nous n'aurons rien à y voir.

Mais, quand l'Imprimerie nationale réalise des bénéfices sur les impressions administratives de l'État, qu'en fait-elle? Elle les verse au Trésor, de telle sorte que c'est l'État qui fait ses propres dépenses à lui-même et ses propres bénéfices. Elle verse au Trésor, en moyenne, 64,000 francs par an, et, de plus, elle fait face aux grandes nécessités intellectuelles dont parlait l'honorable M. Barthélemy Saint-Hilaire. Annuellement on imprime, à titre gratuit, pour 40,000 francs d'ouvrages spéciaux, scientifiques, qui, par leur nature, ne pourraient être imprimés par l'industrie privée. On augmente incessamment le capital industriel et scientifique de ce magnifique établissement.

Savez-vous de combien était le capital industriel? Il était en caractères, en 1823, si je ne me trompe, au moment où fut fait l'inventaire, il était de quatre cent et quelques mille francs; il est aujourd'hui, en caractères seulement, de 979,000 francs. Les autres ustensiles, poinçons, tous les agrès de l'Imprimerie ont été augmentés de 500,000 francs depuis cette époque; de telle sorte que le capital industriel de cet établissement s'est augmenté de 1,500,000 francs depuis la réorganisation de 1823, et en même temps il a versé, en moyenne, 64,000 francs au Trésor et fait face aux impressions gratuites, s'élevant à 40,000 francs par année.

Vous voyez que lors même que, pour certains modèles, vous arriveriez à la preuve (ce que je conteste en fait, quand nous aurons des presses mécaniques), lors même que vous arriveriez à la preuve qu'elle réalise des bénéfices supérieurs à ceux de l'industrie privée, il ne faudrait pas en tirer un argument à votre profit, car c'est l'État qui profite de ce bénéfice.

S'il arrive qu'une administration paye sur son budget, pour certains modèles, telles impressions à un prix plus élevé que ceux que l'industrie privée exigerait, c'est un simple déplacement de chiffres, une opération budgétaire, car cette somme rentre immédiatement, par une autre voie, au Trésor de l'État, sous forme de l'augmentation du capital industriel, sous forme de payement d'impressions gratuites et sous forme de numéraire, quand elle verse, en moyenne, 64,000 francs par an.

Si vous retranchez les impressions administratives à l'aide desquelles on couvre toutes ces dépenses et on réalise tout ce bénéfice, qu'en résultera-t-il? La nécessité d'une subvention, ou la nécessité de laisser dépérir ce grand établissement national.

La nécessité d'une subvention. Ne vaut-il pas mieux que, ayant ses frais généraux, ses ouvriers, ses caractères lithographiques et typographiques, l'Imprimerie nationale développe son industrie dans les limites des intérêts de l'État, car elle ne fait jamais aucune concurrence à l'industrie libre, pour faire face par elle-même aux besoins que la science lui impose, que sa réputation, que sa gloire comme imprimerie nationale lui imposent aussi? Évidemment vous n'aboutiriez à aucun résultat, si on adoptait l'amendement proposé par M. Raudot; mais je veux aller plus loin, et c'est par là que je terminerai.

En 1832, l'industrie privée, très-émue, très-animée, comme elle l'est encore aujourd'hui, soutenait qu'il fallait lui conserver le bénéfice des adjudications de toutes les impressions administratives; et on lui disait : Mais prenez garde! Que va-t-il arriver? Il va arriver qu'un imprimeur ou deux, ou une société de deux ou trois imprimeurs, à Paris, se rendront adjudicataires de toutes les impressions administratives. Croirez-vous y avoir trouvé un bénéfice? Ce serait désastreux pour tous les autres imprimeurs, et surtout pour les imprimeurs de province, qu'avec une certaine habileté vous voulez intéresser à cette contestation toute parisienne.

M. Barthélemy Saint-Hilaire. Ceux d'Avignon ont réclamé.

M. Rouher. La Chambre de commerce d'Avignon; et je vais vous dire pourquoi. Qu'est-ce que fait l'Imprimerie nationale? Elle fait les impressions pour le compte de l'État; rien de plus. Un imprimeur, deux imprimeurs réunis, se rendront demain adjudicataires de toutes ces impressions que je viens vous proposer de donner à l'Imprimerie nationale (la concurrence proposée par M. Raudot n'est pas sérieuse); trois imprimeurs se rendront adjudicataires. Ils ont alors une imprimerie qui a un travail continu, de tous les jours, par les impressions administratives. Ils n'ont pas l'interdiction d'imprimer pour l'industrie privée; ils pourront tout imprimer et, par conséquent, ils pourront baisser leur prix en considération de ce fait qu'ils auront un travail assuré tous les jours par les impressions administratives; alors ils feront une concurrence désastreuse aux autres imprimeurs de Paris et aux onze cent trente-huit imprimeurs de province, parce qu'ils pourront opérer les impressions des grands établissements à prix réduits.

Ainsi, vous aurez créé, dans ce monopole de l'imprimerie, un monopole spécial qui attirera tout à lui. Les imprimeurs, en 1832, l'avaient bien compris. Lorsque l'objection leur fut faite, ils la trouvèrent très-grave, et ils proposèrent d'introduire dans le cahier des charges une stipulation en vertu de laquelle un imprimeur ne pourrait se rendre adjudicataire que des travaux d'une seule administration; de telle sorte que, dans les adjudications qui auraient été faites, les imprimeurs auraient pu se répartir la part qui leur aurait convenu. En fait, il n'y aurait pas eu concurrence. Un tel système est condamné par les expédients auxquels on est obligé de recourir.

Mais on veut vous séduire par cette déclaration, qu'il ne s'agit, après tout, que de créer la libre concurrence, de permettre aux administrations centrales de s'adresser, à leur gré, soit à l'Imprimerie nationale, soit à l'industrie privée, par des adjudications qui seraient faites.

Comment, Messieurs, l'État se rendant adjudicataire de travaux qu'il fait exécuter lui-même, vis-à-vis de l'industrie privée ! Qu'est-ce que c'est que cette anarchie-là ? Si l'État veut obtenir l'adjudication, il fera ses travaux aux prix les plus réduits possible. Il pourra toujours faire une concurrence désastreuse pour l'industrie privée ; on adjugera au prix le plus infime possible. C'est l'État qui s'adjugera à lui-même, qui contractera avec lui-même, et qui, pour cela, s'imposera l'obligation d'avoir un adjudicataire concurrent, auquel il fera pièce en lui disant : Je m'engage à exécuter moi-même les impressions à meilleur marché que vous ne pourriez les faire.

C'est là une combinaison impossible. Ou l'Imprimerie nationale peut exécuter elle-même, ou elle exécute à un prix trop élevé. Dans ce dernier cas, il faut lui retirer ses impressions ; mais, dans le premier cas, il est impossible d'établir une concurrence entre l'industrie privée et l'État pour ses propres travaux.

Je me résume en deux mots :

Comme établissement scientifique, comme établissement modèle, l'Imprimerie nationale ne saurait être attaquée ; comme établissement industriel, elle est nécessaire, indispensable pour le *Bulletin des lois*, pour le budget, pour les grands travaux que cette Assemblée fait exécuter. Il vous faut un établissement officiel qui, à toute heure, puisse livrer les grands travaux, les travaux urgents que vous auriez à réclamer. Si cela est nécessaire, les frais généraux sont nécessaires, le capital mobilier est nécessaire, les bâtiments consacrés à cet établissement sont nécessaires ; alors tous vos frais généraux, appliqués à un moindre nombre d'opérations, se répartissent sur la masse. Ce que l'on vous demande mènerait à l'augmentation des frais généraux et à des subventions qui viendraient successivement s'introduire au budget.

Messieurs, l'Imprimerie nationale produit ; elle verse au Trésor. Ne lui changez pas de telles conditions.

DISCOURS DE M. CRÉMIEUX.

Messieurs,

La question qui s'agite devant vous a peut-être quelque importance en théorie, mais permettez-moi de vous dire que, si vous voulez l'examiner pratiquement, vous allez voir tout de suite que ceux qui soutiennent les imprimeurs ici, imprimeurs dont assurément je ne suis pas l'ennemi, n'ont pas bien réfléchi sur les conséquences pratiques de ce qu'ils demandent.

De quoi s'agit-il? L'Imprimerie nationale, tout le monde en convient, et, dès le moment qu'on en convient, la guerre est inutile, elle est désastreuse; l'Imprimerie nationale est une institution parfaite comme objet d'art, comme objet éminemment élevé dans le sein de l'État. Aussi elle n'a jamais été attaquée sous cet aspect, et on veut la maintenir ; on ajoute même qu'il n'y a pas de sacrifices raisonnables qu'on ne doive faire pour la maintenir à la hauteur où elle est arrivée.

Voilà ce qu'on vous dit; mais croyez-vous que l'Imprimerie nationale est arrivée où elle est seulement par ses travaux d'art, seulement avec les chefs-d'œuvre de l'art qu'elle a créés?

Vous allez voir, Messieurs, comment l'Imprimerie nationale est arrivée à la haute situation qu'elle occupe aujourd'hui; vous verrez que la guerre qu'on lui fait est une guerre absurde sous le rapport de l'art.

Si vous voulez la conserver comme objet d'art, indépendamment des impressions industrielles auxquelles elle se livre, vous en êtes bien les maîtres; mais il faut la soutenir avec des subventions; car, sans cet appui de l'État, et privée des impressions, elle ne peut se maintenir. Et, comme on le disait très-justement, le moment est bien mal choisi pour attaquer l'Imprimerie nationale, alors que, sans doute, elle va être consacrée à l'étranger comme elle l'est en France, comme tous, dans cette Assemblée, vous convenez qu'elle mérite de l'être.

Eh bien, voyons ce dont il s'agit. Je ne m'en suis pas fié à des calculs qui ont vingt ans de date; j'ai voulu savoir d'une manière positive dans quel état se trouvait l'Imprimerie nationale, que j'ai eu l'honneur d'avoir, pendant quelque temps, sous mon administration, et que par cela même j'ai vue, j'ai étudiée de près. Voici ce que j'ai trouvé; j'appelle toute votre attention sur ces quelques chiffres, qui ne sont pas nombreux.

Dans les trois dernières années (je prends la moyenne de trois ans, il ne peut donc pas y avoir de difficulté), la dépense de l'Imprimerie nationale a été de 2,923,826 fr. 76 cent. Tout y est.

Les rentrées ou les recettes ont été de 2,991,449 fr. 12 cent.

Maintenant, pendant trois ans, elle a versé dans les caisses de l'État, chaque année, 67,622 fr. 36 cent.; elle a donc dépensé en moyenne 2,856,204 fr. 40 cent. et remis en plus à l'État les 67,000 francs dont je viens de parler.

Est-ce tout? Se borne-t-elle à faire rentrer dans les caisses de l'État ces 67,000 francs? Non, assurément. Voici ce qu'elle fait. Elle a ses dépenses, qui augmentent sa situation, mais ses dépenses d'art; remarquez-le bien, je ne parle pas ici des autres. Pour l'intérêt de l'art seulement, elle a ses dépenses d'administration et d'exploitation, que j'appellerai dépenses scientifiques. Elle a dépensé pour faire graver les poinçons en relief; elle a dépensé pour faire frapper les matrices sur les reliefs; elle a dépensé pour procéder à la fonte des caractères types. Savez-vous combien, pour ces belles choses, elle a dépensé par an, moyenne de trois années? 300,000 francs! Oui, 300,000 francs, pour cet objet si important, qui la rend l'établissement le plus magnifique qu'il y ait en Europe; 300,000 francs! et vous n'êtes pas au bout. Et un homme comme M. Barthélemy Saint-Hilaire fait d'une telle question une affaire de concurrence entre les imprimeries et l'Imprimerie nationale ! et M. Barthélemy Saint-Hilaire fait de cette question, permettez-moi le mot, une question de magasin, quand il s'agit d'un pareil objet !

Ce n'est pas tout. Je vous ai déjà dit qu'elle donnait à l'État 67,000 francs par an, en moyenne. Voici maintenant ce qu'elle ajoute : elle ajoute, pour l'impression, pour la distribution gratuite du *Bulletin des lois,* car ce ne sont pas là des frais réels d'impression, ce n'est pas là un prix de revient, comme le disent les imprimeurs; pour l'impression et la distribution du *Bulletin civil* et du *Bulletin criminel de la Cour de cassation,* pour l'impression gratuite des ouvrages scientifiques dont on a parlé, et qui sont pour les auteurs un si grand avantage, une si belle et si digne récompense de la part de l'État, elle ajoute, c'est la moyenne des trois dernières années, elle ajoute 105,000 francs par an. Ainsi, il faut joindre aux 67,000 francs qu'elle verse dans les mains de l'État les 105,000 francs qu'elle évite de dépenser à l'État, car il faut bien que l'État imprime le *Bulletin des lois,* il faut bien qu'il le donne, il faut bien qu'il le fasse imprimer; il faut bien qu'il donne le *Bulletin civil* et le *Bulletin criminel de la Cour de cassation.* Enfin, Messieurs, et ceci vaut encore la peine d'être connu de vous, l'Imprimerie nationale acquiert en moyenne, en caractères usuels, en objets usuels, en matériel pour les impressions administratives et les impressions gratuites non artistiques, pour une somme annuelle de 216,976 fr. 47 cent. Voilà le relevé.

Maintenant, voulez-vous que les imprimeurs soient admis seuls à faire ce que fait l'Imprimerie nationale, à lui ôter son industrie, qu'on appelle industrie commerciale? Le voulez-vous? je le veux bien; mais comprenez alors que, si vous lui ôtez son mouvement industriel, il lui est impossible de gagner ce qui lui est nécessaire pour vous donner les avantages dont je viens de parler, pour elle et pour vous. Mais laissons-la de côté; je ne vous parle que des imprimeurs. Voulez-vous donner aux imprimeurs ce que l'Imprimerie nationale fait aujourd'hui ? Soit; mais alors, permettez, il faut que les imprimeurs fassent retrouver à l'État : 1° les 67,000 francs que l'Imprimerie nationale vous donne par an; 2° les 105,000 francs que coûteraient les distributions dont j'ai parlé; il faut qu'ils s'arrangent de manière à soutenir, à augmenter annuellement votre établissement artistique de 300,000 francs, à augmenter votre matériel ordinaire de 216,000 francs. Est-ce possible ?

Ainsi, Messieurs, si vous regardez l'Imprimerie nationale comme objet d'art éminent, digne de la protection de cette grande Assemblée, qui doit nécessairement la soutenir, dans ce cas, laissez-lui ce qui la fait vivre noblement et grandement pour le pays. Si, au contraire, vous voulez considérer les imprimeurs et mettre en rapport ce qu'ils devraient faire pour l'État pour lui restituer ce que lui vaut l'Imprimerie nationale, il est facile de comprendre que la cause des imprimeurs est perdue, disons-le, que leur prétention est impossible.

Et maintenant, qui demande à lutter contre l'Imprimerie nationale ? N'est-ce pas une industrie privilégiée qui s'attaque à une industrie privilégiée ? Qu'êtes-vous donc, imprimeurs ? Vous avez des brevets reçus ou acquis aux conditions que vous voulez abolir, vous avez des priviléges. Privilége, vous combattez un privilége.

Eh bien ! le privilége que vous combattez est un privilége très-noble pour notre pays, est un privilége très-grand dans l'intérêt de l'art et de la science. Non, non, ce n'est pas une question comme celle-ci que vous voudriez agiter avec faveur dans le sein de l'Assemblée.

Je veux finir par un mot qui, je l'espère, ramènera ceux de mes amis qui veulent voter en faveur de ce qui leur paraît être l'avantage de l'industrie privée.

J'entendais dire tout à l'heure qu'il ne s'agit que des impressions des administrations parisiennes, et non des administrations de département. Moi, je suis très-fâché qu'il n'y ait que les administrations parisiennes engagées dans la question; je voudrais que les administrations départementales s'y trouvassent aussi.

C'est avec ces impressions départementales qu'on tient les imprimeurs de département sous le joug des préfectures, entendez-vous. Et si les impressions départementales appartenaient à l'Imprimerie nationale comme les impressions parisiennes, nous aurions plus d'imprimeurs pour nos journaux de département que nous n'en avons en effet.

Messieurs, l'Imprimerie nationale doit nécessairement s'en reposer sur votre patriotisme et sur votre goût éclairé pour les arts du soin de la maintenir. J'ai voulu, dans un intérêt général, non dans un intérêt particulier, vous démontrer qu'il n'y a rien à gagner à cette prétendue concurrence.

Je termine par ce mot : si la concurrence arrivait, si l'Imprimerie nationale était frappée, je ne dis pas que, pendant un an, vous ne trouveriez pas quelque modération de prix qui ferait applaudir à cette suppression; mais l'année d'après, quand il n'y aurait plus d'Imprimerie nationale, vous verriez ce que vous payeriez.

Je demande l'adoption du projet.

DISCOURS PRONONCÉS A L'ASSEMBLÉE NATIONALE

PAR

M. TAILLEFER, RAPPORTEUR DE LA COMMISSION DU BUDGET,

M. DEPEYRE, GARDE DES SCEAUX,

ET M. DUFAURE, ANCIEN MINISTRE DE LA JUSTICE.

(Séance du 11 décembre 1873.)

M. le Président. Nous reprenons la discussion du budget.

La Commission est-elle en mesure de présenter son rapport

sur les chapitres du budget de la justice qui lui ont été renvoyés et qui sont relatifs à l'Imprimerie nationale et à la Légion d'honneur ?

Au banc de la Commission. Oui, monsieur le Président.

M. LE PRÉSIDENT. La parole est à M. Taillefert, rapporteur.

M. TAILLEFERT, *rapporteur.* Messieurs, l'honorable M. Raudot a présenté dans la séance de lundi dernier, à l'Assemblée nationale, un amendement tendant à faire retrancher du budget de l'Imprimerie nationale une somme de 5oo,ooo francs, tant en dépenses qu'en recettes.

Vous avez pris cet amendement en considération, et la Commission du budget a été chargée de l'examiner. Je viens en son nom vous proposer aujourd'hui de le repousser.

Sur les principes, nous sommes complétement d'accord avec l'honorable auteur de l'amendement.

Nous croyons, en effet, qu'il n'est pas bon que l'Imprimerie nationale, établissement de l'État, en possession de moyens très-puissants fournis sur les fonds du Trésor, puisse faire concurrence aux imprimeurs privés.

Si cette concurrence existait, nous serions les premiers à demander qu'on arrêtât cette manière de détourner les bénéfices que peuvent se procurer les imprimeurs par l'industrie à laquelle ils se livrent.

Mais est-il bien vrai, comme on le prétend, que l'Imprimerie nationale commette la faute d'étendre son action au delà des attributions qui lui sont conférées par la loi ?

Il faut voir quel est le règlement qui régit maintenant l'Imprimerie nationale. Ce règlement, qui date de 1823, est ainsi conçu :

« Les attributions de l'Imprimerie royale sont réglées conformément à la loi du 27 janvier 1795, à l'arrêté du 1o décembre

1801, au décret du 24 mars 1809, à l'ordonnance du 28 décembre 1814.

« En conséquence, l'Imprimerie royale sera chargée de l'impression du *Bulletin des lois*, des travaux d'impression qu'exigera le service de notre cabinet, de notre maison, de notre chancellerie, de nos conseils, des ministères et des administrations générales qui en dépendent.

« Il ne sera exécuté à l'Imprimerie royale aucun travail d'impression pour le compte des particuliers.

« Sont exceptés, etc. etc. »

Ici, Messieurs, se trouve un désaccord entre l'Imprimerie nationale et MM. les imprimeurs libres de Paris; ce désaccord porte sur l'interprétation de ces mots : « L'Imprimerie nationale sera chargée. »

Sur ce point, j'appelle toute votre attention. Quel est le sens qu'il faut attacher à cette expression? Il est évident pour tout légiste que c'est un texte impératif; c'est-à-dire que les impressions venant des ministères et des administrations indiquées dans le décret ne peuvent être exécutées en dehors de l'Imprimerie nationale. Il y a là une prescription à laquelle les administrations ne peuvent pas se soustraire.

Et si l'on donnait à ces mots une autre interprétation, on arriverait à détruire toute l'économie du décret qui régit l'Imprimerie nationale. Lisez ce décret, et vous verrez à chaque instant toutes les prescriptions impératives qu'il indique se formuler ainsi : telle chose sera faite; tel moyen de surveillance ou d'inspection sera institué. C'est toujours la même formule : « Ceci sera... »

J'aurais encore une autre observation à soumettre à votre appréciation. Si vous entendiez dans un sens facultatif les mots que je viens de vous signaler, vous arriveriez aux plus singuliers résultats; on pourrait enlever à l'Imprimerie nationale même le *Bulletin des lois*.

Ainsi donc, il est bien établi à nos yeux que toutes les impressions venant des administrations indiquées dans le décret du 23 juillet 1823 doivent être uniquement réservées à l'Imprimerie nationale. C'est l'interprétation de ce décret qui a soulevé le dissentiment qui règne aujourd'hui entre l'Imprimerie nationale et les imprimeurs libres de Paris. Ces derniers attaquent l'Imprimerie nationale en disant qu'ils ont des droits qu'elle ne leur reconnaît pas, en l'accusant d'être dispendieuse à l'État et d'avoir des prétentions tout à fait incompatibles avec le régime qui lui est imposé. A ce propos, on a soulevé toutes sortes de difficultés, surtout au point de vue économique.

Il est temps, Messieurs, puisque nous entrons dans le point de vue économique, d'examiner quelle est la constitution de l'Imprimerie nationale et comment elle trouve les ressources qui lui sont nécessaires, car c'est une question d'argent qui vous est soumise, c'est un retranchement sur le budget qui vous a été proposé par l'honorable M. Raudot.

Qu'est-ce que l'Imprimerie nationale? C'est un grand établissement qui vit de ses propres ressources et qui, dans ce moment-ci, ne coûte à l'État que les bâtiments qui lui ont été donnés et le matériel de première fondation.

L'honorable M. Raudot vous a dit :

« L'Imprimerie nationale vous demande, cette année, une augmentation de 500,000 francs en recettes et en dépenses ; dans un intérêt d'économie, je demande le retranchement de ces 500,000 francs. » (Interruption.)

Vous demandez le retranchement de ces 500,000 francs. C'est bien là la thèse qui a été soutenue lundi dernier.

Je réponds à M. Raudot qu'il a commis une erreur.

M. Raudot. Nous verrons cela !

M. le Rapporteur. Nous allons le voir immédiatement.

M. Raudot croit apparemment que lorsqu'il y a dans le budget 5 millions et quelques cent mille francs en recettes et autant à peu près en dépenses, l'État donne à l'Imprimerie la somme qui est portée en avoir. C'est là l'erreur qui a entraîné la demande de retranchement.

Eh bien, Messieurs, l'Imprimerie, malgré le budget que vous voterez, ne recevra pas du Trésor de l'État un seul centime ; elle vit avec les ressources qui lui sont particulières, elle a un fonds de roulement avec lequel elle fait toutes ses opérations. Et ce fonds de roulement n'a pas besoin d'être augmenté, elle ne vous demande pas d'ajouter une obole aux sommes qui sont maintenant mises à sa disposition.

L'honorable M. Raudot nous demandera alors : Pourquoi voulez-vous faire porter au budget une somme de 500,000 francs en sus de celle qui a été accordée l'année dernière? Nous lui répondrons que c'est par la nécessité où se trouve l'Imprimerie nationale d'observer les règles de la comptabilité publique; ces règles, les voici, je vais vous les lire.

M. Raudot avait bien lu la note préliminaire qui précède le budget, mais il ne l'avait pas complétement lue.

M. Raudot. Je l'avais parfaitement lue !

M. le Rapporteur. Ainsi nous y trouvons ceci : « Les règles de la comptabilité publique ne permettant l'ordonnancement d'aucune dépense au delà des crédits ouverts, l'Imprimerie nationale se serait vue contrainte de suspendre sa fonction légale, si un crédit supplémentaire de 500,000 francs ne lui avait pas été accordé d'urgence. »

Ainsi, quand on vous demande d'accepter le crédit de 500,000 francs, on n'a pas d'autre but que de permettre à l'Imprimerie nationale d'élever ses ordonnancements jusqu'à la somme de 500,000 francs de plus que précédemment. Mais ces ordonnancements seront exécutés au moyen du fonds de roulement qui existe à l'Imprimerie nationale, et non pas avec de l'argent qui serait donné par le Trésor public.

En telle sorte que, nous le répétons, malgré le budget que vous avez à voter, vous n'aurez pas un seul centime à extraire du Trésor national pour le porter à l'Imprimerie nationale. Ceci étant bien expliqué, et je crois l'avoir fait d'une manière qui puisse être comprise, il est évident que l'intérêt d'économie qui avait été indiqué par M. Raudot n'existe plus et que son raisonnement sur ce point ne peut plus influer sur vos décisions.

Messieurs, cette facilité d'ordonnancer pour 500,000 francs de plus que l'année dernière peut être utile. Elle peut être utile parce que l'Imprimerie nationale est exposée à des éventualités qu'il est difficile de prévoir. Cependant, dès aujourd'hui, il en est une que nous avons en perspective ; cette éventualité, c'est celle qui résultera évidemment de la création de nouveaux impôts. Or, il est certain qu'au moment où cette création sera décidée par vous, il y aura nécessité absolue de se procurer les registres et les papiers d'une comptabilité nouvelle, et c'est nécessairement aussi par application des règles ordinaires qu'on s'adressera à l'Imprimerie nationale pour avoir tous les éléments de cette comptabilité et tous les registres nouveaux.

On a attaqué l'Imprimerie nationale parce qu'elle ferait éprouver des pertes considérables au Gouvernement.

Dans toutes les petites brochures qui vous ont été distribuées, vous avez vu des calculs élevant à 6, 7 ou 800,000 francs les pertes que cause à l'État l'Imprimerie nationale.

Cet établissement pourrait opposer d'autres chiffres de son côté ; il a la prétention fondée d'être utile à l'État et de lui apporter des économies, parce que, n'ayant pas de locations à payer et recevant de l'État un mobilier considérable, il est à même de faire les impressions nécessaires à un chiffre moins élevé ; c'est peut-être même le chiffre de ses tarifs qui a été la cause de l'espèce de croisade qui vient d'être entreprise contre lui.

Ici, Messieurs, je suis encore obligé de m'arrêter pour répondre à une inculpation dirigée contre cet établissement par l'honorable M. Raudot.

Vous savez que, dans son discours de lundi dernier, il a accusé l'Imprimerie nationale de répandre des prospectus ou des circulaires dans lesquelles elle annonçait qu'elle ferait des impressions à meilleur marché que les imprimeries libres.

Voyons ce que sont ces circulaires.

Je me suis reporté au passage auquel M. Raudot fait allusion; je vois qu'au lieu de circulaires il s'agit seulement d'un projet de tarifs présenté au garde des sceaux, et, dans ce projet de tarifs, où l'on ne peut énumérer les prix de certaines compositions pour certains travaux d'imprimerie, on commence ainsi :

« Le prix de composition des travaux d'administration n'est point de nature à être fixé par un tarif constant et invariable. L'Imprimerie nationale continuera à cet égard à tenir ses prix au-dessous des prix ordinaires du commerce. »

Il faut bien, Messieurs, que l'Imprimerie nationale, à la tête d'un tarif, indique au ministre auquel elle s'adresse quelles sont ses intentions pour les prix à obtenir de tel ou tel travail. Ces tarifs, où vont-ils? Sont-ils répandus comme les prospectus et les circulaires ordinaires de l'industrie?

On ne les trouve que dans les ministères, et c'est là qu'ils doivent être, car l'Imprimerie nationale, je le répète, doit travailler pour les ministères et rien que pour les ministères et les administrations publiques. Sur ce point, je l'ai déjà dit, je suis parfaitement d'accord avec M. Raudot, et je trouverais que ce serait une sorte de perturbation et même un danger que de permettre une concurrence entre un établissement de l'État et l'industrie privée.

On a dit aussi, Messieurs, — car je suis obligé de sortir de la question des 500,000 francs, et il faut bien que je m'en excuse devant vous, — on a dit aussi que l'Imprimerie nationale produisait d'autant moins de bénéfices au Gouvernement que ses opérations prenaient un développement plus étendu. On a rappelé, comme on l'avait fait dans la brochure des imprimeurs, que les excédants de recettes allaient toujours en diminuant. Messieurs, quand on connaît les faits, quand on a, comme rapporteur du budget, été dans l'obligation de voir de près quel est le fonctionnement de l'Imprimerie, et de se rendre compte des diverses prescriptions qui la régissent, on s'aperçoit immédiatement que cette inculpation est erronée.

On avait attaqué l'Imprimerie nationale pour la modicité des excédants de recettes versés dans les caisses de l'État depuis 1848 jusqu'en 1872; l'Imprimerie vous répond : J'ai versé au Trésor, dans cet espace de temps, 730,905 francs. Suivant un décret de 1862, j'ai élevé mon fonds de roulement sur mes excédants de recettes de 800,000 francs. J'ai fait en constructions et en réparations nouvelles 667,204 francs. J'ai donné au mobilier de l'État, en poinçons, en matrices, en caractères d'imprimerie, etc. un accroissement de valeur de 1,022,152 francs; en matériel d'exploitation, pour 721,274 francs. Enfin, j'ai fourni les fonds pour une caisse de retraite et de secours dans l'intérêt des employés et des ouvriers de l'Imprimerie nationale, et j'ai donné pour cette œuvre une somme de 1,113,000 francs.

Et remarquez, Messieurs, à propos de ces derniers chiffres, que les décrets obligeaient l'Imprimerie nationale dans ces derniers temps à verser les neuf dixièmes de ses excédants en recettes à la caisse de retraite des employés et des ouvriers. De telle sorte qu'elle ne pouvait donner au Trésor que le dernier dixième; et l'on s'étonne que ses versements au Trésor soient aussi peu élevés! On se récrie contre leur modicité! (Très-bien! très-bien!)

Il y a encore d'autres avantages qui ressortent de l'Imprimerie nationale. L'Imprimerie nationale, en effet, imprime gratuitement chaque année, sur l'ordre du Gouvernement, un certain nombre d'ouvrages d'un ordre très-élevé; elle en imprime pour 40,000 fr.

environ; elle fait le service du *Bulletin des lois*, du *Bulletin de la Cour de cassation*, et elle le fait gratuitement. Ce service est évalué à une somme de 85,000 francs par an. Il en résulte que, du chef de ces deux derniers articles, elle a fait bénéficier le Gouvernement d'une somme de 3,125,000 francs; en tout 8,180,270 francs.

Ces chiffres, il faut le reconnaître, ont leur éloquence, et on ne peut nier qu'ils ne parlent bien haut pour la défense de l'Imprimerie nationale.

Sur les deux derniers articles, j'ai encore quelques observations à présenter, si toutefois, Messieurs, je ne fatigue pas votre attention. (Non! non! — Parlez! parlez!)

Je me reporte au mémoire présenté par MM. les imprimeurs de Paris. Ils nient que l'Imprimerie nationale, en faisant gratuitement des impressions d'ouvrages pour le Gouvernement, en servant aussi gratuitement le *Bulletin des lois* et le *Bulletin de la Cour de cassation*, puisse se targuer de procurer un bénéfice à l'État.

Je ne comprends rien à cette allégation, car, en effet, si l'Imprimerie nationale n'imprimait pas gratuitement les livres qui lui sont demandés par le Gouvernement et si elle ne faisait pas gratuitement le service du *Bulletin des lois* pour les administrations publiques, ce serait 120,000 francs que le Gouvernement aurait chaque année à payer à un imprimeur libre.

Il est donc juste de les compter dans les bénéfices que l'Imprimerie nationale procure au Gouvernement.

J'ai entendu reprocher à l'Imprimerie nationale un caractère industriel qui, dit-on, ne devrait pas être le sien. Mais ce n'est pas à l'Imprimerie qu'il faut vous en prendre, c'est au décret de sa constitution et aux attributions qui lui sont données. Ces attributions lui sont conférées par l'ordonnance de 1823 que j'ai déjà eu l'honneur de vous lire.

Mais, parce qu'elle fait des impressions qu'on appelle industrielles, il ne faut pas croire qu'elle néglige les impressions artistiques ni les impressions scientifiques.

Quant aux impressions artistiques, tout le monde sait, Messieurs, que les plus belles éditions de nos ouvrages sortent de ses presses. Et, pour vous prouver aussi que la science trouve dans l'établissement de l'Imprimerie nationale la place très-large qui doit lui être réservée, vous me permettrez bien de vous lire une note indiquant les dernières acquisitions qui viennent d'être faites par le matériel de cet établissement.

L'Imprimerie a récemment créé un corps de sabéen, c'est-à-dire un corps de caractères sabéens, pour l'impression, qui jusqu'alors n'avait jamais été essayée, des vieux manuscrits écrits en cette langue quasi mystérieuse des anciens moines de Libye.

C'est encore ainsi qu'elle vient d'acquérir un nouveau corps de chinois comprenant quinze cents groupes, et qu'elle fond en ce moment même des caractères libyques, des caractères cambodgiens et trois corps de copte pour l'impression des catalogues de la Bibliothèque nationale.

Elle fait des impressions dans des caractères qui ne se rencontrent que dans cet établissement.

Elle a donc aussi pris les intérêts de la science et elle ne les a jamais négligés.

Elle est utile, Messieurs, à cause de ses aptitudes particulières pour sauvegarder les intérêts des arts et des sciences, et en outre elle peut rendre des services signalés à certains moments, à raison de sa puissance de typographie, puissance de production qu'aucun autre établissement ne saurait offrir.

Nous avons eu une occasion assez récente de nous apercevoir combien ce vaste établissement pouvait être nécessaire à l'État. Il y a à peu près une année, expirait la date à laquelle les Alsaciens-Lorrains pouvaient faire leur option pour la France, et une clause du traité obligeait le Gouvernement français à faire insérer au *Bulletin des lois* tous les noms de nos frères de Lorraine et d'Alsace ayant opté pour la France.

Or, il est arrivé qu'au dernier moment de l'option le nombre de ceux qui venaient se faire inscrire en faveur de la France a dépassé toute notre attente et toutes nos espérances.

Il a fallu créer un service tout à fait extraordinaire, pour que tous les noms, montant à près de 400,000, pussent être inscrits dans le *Bulletin des lois* dans le délai fixé.

Alors l'Imprimerie nationale a dû rechercher les caractères les plus petits pour condenser dans le moins de volume possible cette immense quantité de noms; elle n'a pas trouvé et ne pouvait trouver de caractères qui pussent suffire à inscrire tous ces noms. Pendant deux mois, jour et nuit, elle a fondu des caractères propres à cette impression particulière; jour et nuit, pendant deux mois, cent compositeurs ont été appliqués à cette œuvre.

M. le garde des sceaux, dans le temps, avait constitué un service spécial à la chancellerie, où on apportait des masses d'épreuves à corriger. Eh bien, si nous n'avions pas eu à cette époque l'Imprimerie nationale, il y a peut-être un certain nombre d'Alsaciens-Lorrains qui sont restés Français et qui aujourd'hui seraient sujets de l'Allemagne. (Très-bien!)

J'ai encore un fait à vous citer, qui est tout à l'honneur de l'Imprimerie nationale.

Vous vous rappelez tous l'affaire de l'*Alabama*, qui a créé un si grand dissentiment entre l'Angleterre et l'Amérique. Un tribunal arbitral avait été institué à Genève et, au moment où il allait ouvrir ses séances, des documents nombreux et considérables étaient arrivés en Angleterre; il était nécessaire de les faire imprimer et distribuer à Genève, à très-bref délai.

Ne trouvant pas chez elle une imprimerie qui pût résoudre ce problème de la régularité, de la bonne confection et de la célérité, à qui l'Angleterre s'est-elle adressée? A l'Imprimerie nationale de France!

Messieurs, permettez-moi de vous dire comment l'Imprimerie nationale a répondu à la confiance qui lui avait été donnée. Tout est arrivé en temps utile, et l'Imprimerie nationale recevait la copie du télégramme que je vais avoir l'honneur de vous lire :

« Copie d'un télégramme adressé par le gouvernement anglais à M. Jenery Shee, délégué du gouvernement britannique :

« Je dois vous prier d'offrir la reconnaissance du gouvernement de Sa Majesté aux autorités compétentes pour la manière admirable avec laquelle le travail d'impression des volumes à imprimer a été mené à bonne fin à l'Imprimerie nationale. — De la part du comte de Granville. »

Voilà, Messieurs, ce qu'on pense de l'Imprimerie nationale au delà de la Manche. Eh bien, de ce côté-ci, refuserons-nous de lui donner un crédit de 500,000 francs, pour lequel, je le répète, vous n'avez pas une obole à sortir des caisses de l'État pour la verser dans celle de l'Imprimerie nationale?

Messieurs, je ne puis pas le croire, et j'espère que vous rejetterez l'amendement qui vous a été présenté par l'honorable M. Raudot. (Très-bien! très-bien!)

M. Hervé de Saisy. Non! non!

M. le Président. La parole est à M. Legrand.

M. Arthur Legrand. Messieurs, je vous demande la permission de vous présenter quelques observations en faveur de l'amendement de l'honorable M. Raudot.

Non-seulement je crois, comme lui, qu'il convient de refuser l'augmentation de crédit de 500,000 francs qui vous est demandée, mais je considère comme très-important d'introduire dans l'organisation de l'Imprimerie nationale diverses modifications, et je pense que ces modifications doivent y être apportées au point de vue de l'intérêt du Trésor, au point de vue des progrès de l'art typographique, et aussi au point de vue du respect de la liberté commerciale. (Très-bien! sur divers bancs.)

En ce qui concerne l'intérêt du Trésor, je crois qu'il n'est pas nécessaire de s'étendre bien longuement sur ce point et qu'il suffira de quelques chiffres pour démontrer que l'État, en se constituant imprimeur, fait une très-mauvaise spéculation.

Les sommes absorbées par l'Imprimerie nationale, tant en immeubles, meubles que fonds de roulement, forment un total de 13 millions. En matière commerciale, une affaire qui a absorbé 13 millions suppose un revenu d'au moins 798,090 francs par an. Or, le bénéfice que procurera l'année prochaine à l'État l'Imprimerie nationale, d'après le budget de 1874, sera de 8,400 francs.

Je reconnais qu'il serait injuste de ne comparer que la somme de 8,400 francs à la somme de 798,000 francs, et qu'on peut représenter l'Imprimerie nationale comme rapportant à l'État quelque chose de plus que ces 8,400 francs. L'Imprimerie nationale est obligée de faire à l'État certaines fournitures gratuites. C'est d'abord le *Bulletin des lois*, qui nécessite une somme de 80,000 francs par an. Ce sont ensuite diverses publications scientifiques qui sont commandées moitié par M. le garde des sceaux et moitié par l'Institut, et qui représentent une somme de 40,000 francs. Si donc vous réunissez d'une part les 80,000 francs du *Bulletin des lois*, et d'autre part les 40,000 francs des publications scientifiques, vous avez un chiffre de 120,000 francs que l'État serait obligé de débourser, au cas où l'Imprimerie nationale ne lui ferait pas gratuitement ces fournitures. Par conséquent, il faut additionner comme bénéfices procurés par l'Imprimerie nationale, aux 8,400 francs qui figurent au projet de budget de 1874, les 120,000 francs qui se trouvent donnés, non pas en espèces, mais en publications. (C'est très-juste!)

Eh bien, ces 120,000 francs et les 8,400 francs forment un total de 128,400 francs, et alors, pour se rendre compte de l'heureuse spéculation que fait l'État, on peut comparer ces 128,400 francs aux 798,000 francs que procurerait une entreprise commerciale placée dans des conditions analogues.

Comme l'a fort bien dit l'autre jour l'honorable M. Raudot, il est à remarquer que, au fur et à mesure que les dépenses de l'Imprimerie nationale ont été en augmentant, les recettes ont suivi une progression inverse. Ainsi les fonds affectés chaque année aux dépenses de cet établissement étaient, en 1848, de 3,553,000 francs; en 1863, de 4,640,000 francs; en 1870, de 5,640,000 francs; enfin, en 1874, de 6,145,000 francs. C'est le chiffre actuel.

Quels ont été les reversements faits par l'Imprimerie pendant ces mêmes années? Les chiffres de ces reversements ont toujours été en diminuant. En effet, en 1848, les bénéfices procurés par cet établissement à l'État étaient de 71,000 francs; en 1863, ils n'étaient plus que de 17,000 francs; en 1870, de 32,000 francs; enfin, pour 1874, ces bénéfices ne s'élèvent qu'à 8,400 francs. Si, faisant un autre calcul, on prenait une moyenne, on arriverait à des résultats absolument identiques. En effet, la moyenne des reversements au Trésor ou, en d'autres termes, l'excédant des recettes sur les dépenses se trouve par an, de 1848 à 1857, de 23,000 francs, et cette même moyenne, de 1870 à 1874, n'est plus que de 12,500 francs, c'est-à-dire qu'il y a une réduction à peu près de moitié.

L'Imprimerie nationale est-elle donc un établissement absolument destiné à ne donner que des recettes insignifiantes? A cette question, on peut répondre en se fondant, non sur des appréciations personnelles, ni sur des considérations plus ou moins théoriques, mais sur des faits.

A une certaine époque, l'Imprimerie nationale a cessé d'être administrée par l'État; elle a été donnée en régie à un entrepreneur. Je puis vous assurer, Messieurs, que cet imprimeur travaillant pour son compte ne se contentait pas d'un bénéfice de 8,400 francs par an. Il résulte, au contraire, de documents certains, que, de 1814 à 1820, époque pendant laquelle a duré cette régie particulière, l'adjudicataire a recueilli 2,125,000 francs, soit en moyenne 350,000 francs par an.

Je dois ajouter que, pendant cette période de 1814 à 1820,

l'Imprimerie nationale a cessé d'avoir le monopole exclusif des départements ministériels, ce qui aurait dû réduire dans une proportion considérable les bénéfices réalisés.

Ce monopole existe-t-il aujourd'hui d'une manière absolue? C'est une question contestée et qui a donné lieu à bien des controverses.

La charte actuelle de l'Imprimerie nationale, c'est l'ordonnance de 1823; mais cette ordonnance a visé deux textes, l'un de 1809, l'autre de 1814. Le texte de 1809 disait que l'Imprimerie nationale avait le monopole exclusif des publications des ministères, et l'ordonnance de 1814 disait absolument le contraire.

Laquelle de ces deux dispositions a été remise en vigueur? C'est un point douteux pour beaucoup de personnes; mais ce qui n'est pas douteux, c'est que la Cour des comptes interprète cette ordonnance de 1823 dans le sens restrictif, c'est-à-dire qu'elle la considère comme ayant rétabli le monopole et qu'elle juge que tous les départements ministériels sont dans l'obligation absolue de s'adresser à l'Imprimerie nationale pour leurs fournitures administratives; en d'autres termes, elle pense que la disposition de 1809 est seule applicable.

Il en résulte que lorsqu'un ministre veut s'adresser à l'industrie privée, il est ramené par la Cour des comptes à l'observation rigoureuse et au respect du monopole. Ce fait s'est produit en 1839. Le ministre de l'intérieur avait eu recours à l'industrie privée. La Cour des comptes formula dans son rapport des observations, et voici la réponse qui fut faite par le fonctionnaire rappelé à l'application de l'ordonnance de 1823 :

« Le ministre a cru devoir recourir à l'industrie privée, parce qu'il en est résulté pour son administration des économies qui se sont élevées parfois à 25 p. o/o. »

En 1841, le ministre de l'instruction publique opposait de son côté à la Cour des comptes les calculs suivants :

« La dépense seule des papiers à lettres, rapports, etc., qui, d'après le tarif de l'Imprimerie royale, aurait été de 10,000 francs, ne s'est élevée, grâce à l'adjudication que nous avons faite, qu'à 3,800 francs.

« Soit 6,200 francs d'économies, représentant une proportion de 62 p. o/o. »

Enfin, voici ce que disait le rapporteur du budget de 1845 :

« Les dépenses de l'Imprimerie royale dépassent de 235,000 fr. le chiffre porté au budget. Nous devons rappeler, à ce propos, que dans cet établissement public les frais d'impression excèdent dans une proportion énorme ceux qu'un travail de même espèce occasionnerait dans un établissement particulier. »

L'Imprimerie nationale exige-t-elle réellement de l'État des prix plus élevés que ceux qui seraient demandés par l'industrie privée? C'est encore un point qui a donné lieu à beaucoup de discussions dans les différentes assemblées qui se sont succédé depuis cinquante ans. Les griefs formulés à cet égard, et que l'honorable rapporteur du budget qui m'a précédé à la tribune a qualifiés de croisade contre l'Imprimerie nationale, avaient été présentés par les représentants de l'industrie privée. On avait toujours supposé que ces représentants de l'industrie privée se laissaient entraîner plutôt par leurs propres intérêts que par un certain zèle pour les intérêts du Trésor; mais je dois dire à l'Assemblée qu'il y a eu une époque où cette prétendue croisade a été soulevée non plus par les imprimeurs, mais par les ministres. En 1863, plusieurs ministres déclarèrent que, grâce à l'exagération des prix de l'Imprimerie nationale, ils ne pourraient pourvoir aux dépenses nécessitées par leurs publications administratives au moyen des crédits qui leur avaient été ouverts par le Corps législatif. Ils s'en plaignirent. L'empereur voulut faire examiner cette question; une Commission fut nommée. J'ai eu l'honneur, Messieurs, d'être attaché à cette Commission en qualité d'auditeur au Conseil d'État, et j'ai eu à y remplir les fonctions de secrétaire. L'autre jour, précisément à la suite de l'amendement qui vous avait été présenté par l'honorable M. Raudot, j'ai eu la pensée de me reporter à mes notes manuscrites, et voici ce que j'ai trouvé dans les procès-verbaux rédigés par moi à cette époque. (Écoutez! écoutez!)

La Commission a fait comparaître devant elle les délégués des différents départements ministériels; chacun d'eux a opiné à peu près dans le même sens en ce qui concerne l'élévation des prix de l'Imprimerie nationale.

Le délégué du ministère de la marine s'est exprimé en ces termes :

« La meilleure preuve que l'on puisse donner de l'élévation des prix de l'Imprimerie impériale, c'est de faire savoir que l'industrie privée offre d'exécuter nos fournitures avec des rabais considérables. Plusieurs imprimeurs du commerce ont fait des offres de cette nature. A l'appui de leurs demandes, ils ont fourni tous les spécimens d'impressions, de papier, etc. nécessaires pour démontrer que si leurs travaux sont inférieurs comme prix, ils ne le seront en aucune façon comme qualité et comme mérite d'exécution. Mais, en outre, l'industrie privée offre de se charger d'envoyer directement les impressions dans les localités où elles sont nécessaires, en s'engageant à remplacer sur simple demande les manques constatés dans les quantités déclarées. Ce système si simple ne peut être pratiqué par l'Imprimerie nationale. Les envois de cet établissement sont adressés au ministre de la marine et doivent être reçus par un personnel d'employés dont ce sont les principales attributions et dont les traitements s'élèvent à 16,000 francs.

« Le délégué des finances se plaint des tarifs élevés qui forcent tous les ministères à dépasser leurs crédits d'impressions.

« Le délégué de la guerre tient un langage absolument semblable.

« Les délégués de l'intérieur et de l'instruction publique formulent les mêmes regrets.

« Le délégué des travaux publics dit « que pour une publication

« de statistique, la maison Levrault, à Strasbourg, a offert de
« faire à 200 francs la feuille le même travail pour lequel l'Impri-
« merie impériale demandait 400 francs. »

Messieurs, les quelques explications que je viens de présenter
ont eu pour but de faire ressortir que l'État, comme je le disais en
commençant, fait une détestable spéculation en se constituant son
propre imprimeur, et qu'au point de vue des intérêts du Trésor
il conviendrait de modifier l'organisation de l'Imprimerie nationale,
et tout au moins d'admettre pour la fourniture des impressions
administratives la concurrence de l'industrie privée.

Un membre à gauche. Quelles furent les conclusions de la Commission à cette époque?

M. LE GARDE DES SCEAUX. Je les lirai tout à l'heure.

M. ARTHUR LEGRAND. Les documents que j'ai cités sont des extraits
de mes procès-verbaux de la Commission ou plutôt de la sous-commission dont j'avais l'honneur d'être secrétaire. Si ma mémoire est
fidèle, la Commission n'était qu'une réunion de ministres qui, ne
pouvant s'occuper des détails de la question, avaient confié le soin
de l'examiner à une sous-commission dont faisaient, je crois, partie
l'honorable M. Duvergier, devenu depuis garde des sceaux, et
M. de Lavenay, président de section au Conseil d'État.

Je suis demeuré étranger à la décision prise par la Commission
même, je le répète, qui n'était, je pense, autre chose qu'une réunion du conseil des ministres.

S'il est utile, au point de vue des intérêts du Trésor, d'apporter
des modifications dans l'organisation de l'Imprimerie, je crois que,
au point de vue de l'art typographique, il n'est pas moins nécessaire d'opérer une réforme à cet égard.

Personne ne peut évidemment prétendre à demander la suppression d'un aussi bel établissement que l'Imprimerie nationale.
Cet établissement est une des gloires de la France, et nous possé-

dons incontestablement, comme collections de caractères, surtout en ce qui concerne les langues orientales, des choses infiniment précieuses qu'on ne trouve nulle part ailleurs. Quand les savants orientalistes de l'Europe veulent faire éditer leurs œuvres, ils sont obligés d'apporter leurs manuscrits à la rue Vieille-du-Temple.

C'est François Ier qui, à la demande de Robert Estienne, organisa l'Imprimerie nationale. Cette institution n'était pas autre chose, à cette époque, qu'un conservatoire de l'art typographique, destiné à faire certaines publications dont ne pourrait se charger l'industrie privée. Elle garda ce caractère primitif pendant les règnes qui ont suivi celui de François Ier. C'est seulement après la Révolution que la Convention, faisant une sorte de confusion de principes, une de ces confusions qui ont fait naître bien des erreurs économiques, a voulu réunir une exploitation industrielle à la partie artistique, et c'est la Convention qui a confié à l'Imprimerie nationale la fourniture des impressions administratives; c'est elle qui a fait sortir l'Imprimerie nationale de sa véritable mission, qui lui a fait abandonner le but en vue duquel elle avait été créée.

Eh bien, je crois que depuis cette époque l'Imprimerie nationale a fait peu de progrès, et on peut donner à l'appui de cette assertion quelques exemples :

Ainsi, en 1830, le Gouvernement a voulu substituer aux presses à la main des presses mécaniques. Les ouvriers, ou plutôt, pour mieux parler, les employés de cet établissement, car c'est en réalité une grande usine composée de fonctionnaires, les employés comprirent que si on mettait des moteurs à vapeur dans l'établissement, on pourrait en diminuer le personnel. Ils s'insurgèrent et le Gouvernement renonça à son projet, qui cependant n'avait rien de bien hardi.

Ce n'est qu'en 1851 qu'on revint à la tentative de 1830, de telle sorte que, de 1830 à 1851, l'Imprimerie nationale a peut-être été le seul établissement typographique qui ait travaillé exclusivement avec des presses à la main.

Il est aussi un fait qu'on peut signaler à l'attention de l'Assemblée.

L'Imprimerie nationale devrait être une école de bons ouvriers qui devraient, après s'être formés dans cet établissement, aller porter dans l'imprimerie privée le résultat de leur expérience acquise : c'est absolument le contraire qui se produit.

Les ouvriers de l'Imprimerie nationale sont, comme je disais tout à l'heure, pour ainsi dire, des fonctionnaires; ils ne jouissent pas assurément de l'inamovibilité, mais il est très-rare qu'on les renvoie, et ils ont tous des droits à la retraite. Aussi quand, dans l'industrie privée, un ouvrier s'est formé et est devenu plus habile, son ambition est de quitter son atelier et d'aller se faire recevoir à l'Imprimerie de la rue Vieille-du-Temple. Il en résulte qu'il se produit le contraire de ce qui devrait avoir lieu : l'Imprimerie nationale devrait donner de bons ouvriers à l'industrie privée, et c'est l'industrie privée qui lui envoie ses ouvriers les plus expérimentés. (Approbation sur plusieurs bancs.)

Je demande pardon à l'Assemblée de retenir si longtemps son attention; cependant je voudrais dire encore quelques mots en ce qui concerne le respect de la liberté commerciale. (Parlez! parlez!)

Il est évident que l'Imprimerie nationale, en faisant concurrence à l'industrie typographique de Paris, et même à celle du pays tout entier, porte une atteinte sérieuse et considérable au principe de la liberté commerciale. C'est une concurrence inégale, attendu que l'État n'est pas un fabricant ordinaire et qu'il travaille précisément avec le produit d'impôts acquittés par ceux auxquels il vient enlever une clientèle, je veux parler de la clientèle des ministères, de la fourniture des impressions administratives. C'est ainsi que cet établissement peut inscrire sur ses prospectus qu'il travaille au-dessous des prix du commerce, quand, en réalité et dans la pratique, ces prix, tous comptes faits, sont infiniment plus élevés.

Non-seulement on enlève ainsi aux imprimeurs un chiffre d'affaires d'une valeur d'environ 6 millions par an, mais on leur porte un préjudice qui est beaucoup plus considérable. En effet, l'industrie de l'imprimerie n'est pas comme beaucoup d'autres; ce n'est pas une industrie dans laquelle, quand la demande fait défaut, on peut préparer d'avance un stock pour satisfaire à la demande qui pourra se produire ultérieurement. Dans l'imprimerie, il faut que la demande précède toujours le travail; aussi, quand un ralentissement se produit dans la demande, les imprimeurs diminuent le nombre de leurs ouvriers. Cela ne se produirait pas pour les ateliers qui auraient les fournitures des départements ministériels, attendu que ces fournitures sont régulières et se répartissent assez également sur tous les mois de l'année. Les adjudicataires de tels ou tels départements ministériels pourraient, au moyen de ce travail régulier, réparti sur tous les mois, éviter autant que possible, je ne dis pas complétement, ces chômages qui sont si préjudiciables aux ouvriers. (Assentiment sur divers bancs.)

Je ne veux pas, Messieurs, prolonger davantage ces observations que j'ai peut-être trop développées.

Sur divers bancs. Non! non! — Continuez ! — Ce que vous dites est très-intéressant !

M. Arthur Legrand. Je reconnais parfaitement que ce n'est pas trois semaines avant l'ouverture d'un exercice que l'on peut modifier complétement un établissement comme celui dont il s'agit; par conséquent, quoique je parle à l'occasion du budget de 1874, je prie M. le garde des sceaux de croire que mes observations ont bien plutôt en vue le budget de 1875. Ce que je désire, c'est que M. le garde des sceaux fasse examiner la question, et qu'il prépare le budget de 1875 en tenant compte, dans la mesure du possible, des critiques que j'ai formulées à cette tribune.

Quant à l'amendement présenté par l'honorable M. Raudot, il est évident que je l'appuie de toutes mes forces, car en l'adoptant l'Assemblée fera un premier pas dans la voie que j'ai pris la liberté d'indiquer. (Vive approbation sur plusieurs bancs dans diverses parties de l'Assemblée.)

M. Depeyre, *garde des sceaux, ministre de la justice.* Messieurs, la question qui est en ce moment soumise à vos délibérations n'est pas une question nouvelle. Presque au lendemain de sa création, l'Imprimerie nationale a vu surgir contre elle les réclamations qui se renouvellent aujourd'hui, à quatre-vingts ans de distance; et, tout à l'heure, lorsque je ferai passer sous vos yeux certains documents que j'ai recueillis au ministère de la justice, vous verrez qu'on tenait, il y a quatre-vingts ans, contre l'Imprimerie nationale, le même langage que celui qu'on vient de tenir aujourd'hui. La raison en est facile à comprendre : c'est que les intérêts privés sont toujours les mêmes et que, au fond de la question qui vous est en ce moment soumise, il n'y a pas autre chose qu'une question d'intérêt privé. (Légères rumeurs sur quelques bancs à gauche.) Je le démontrerai tout à l'heure. Non pas que je veuille prétendre que ceux de nos honorables collègues qui soutiennent l'amendement de M. Raudot se font ici les avocats d'intérêts privés, loin de moi une pareille pensée! mais j'espère leur démontrer tout à l'heure que, sans le vouloir et sans le savoir, ce sont des intérêts privés qu'ils viennent défendre à cette tribune.

M. Raudot. Certainement! et des intérêts privés très-respectables !

M. le Garde des sceaux. D'abord, Messieurs, laissez-moi vous fournir quelques explications sur la véritable question que soulève l'amendement de l'honorable M. Raudot.

A la séance d'avant-hier, l'honorable M. Raudot a déposé un amendement aux termes duquel on supprimerait un crédit de 5oo,ooo francs ouvert au chapitre des dépenses sur le budget particulier de l'Imprimerie nationale, et je dois dire que ceux-là qui n'avaient pas pu étudier le mécanisme de ce budget particulier de l'Imprimerie nationale ont pu croire qu'il s'agissait de l'inscription au budget de l'État d'une somme de 5oo,ooo francs qui allait le grever.

Et je ne doute pas que si notre règlement nous avait permis de répondre aux observations sommaires qui avaient été présentées à la tribune par l'honorable M. Raudot, et si nous avions pu indiquer à l'Assemblée qu'il ne s'agissait pas d'un crédit de 5oo,ooo francs ouvert sur le budget de l'État au profit de l'Imprimerie nationale, et qu'il s'agissait simplement d'une inscription pour ordre dans le budget particulier de l'Imprimerie nationale, l'amendement de l'honorable M. Raudot n'aurait pas trouvé l'appui qu'il a rencontré dans cette Assemblée sur la prise en considération.

Quel est donc le mécanisme du budget particulier de l'Imprimerie nationale ?

L'Imprimerie nationale a un fonds de roulement qui s'élève à la somme de 1,8oo,ooo francs, et tout à l'heure j'aurai à vous montrer comment ce fonds de roulement s'est successivement accru sur les bénéfices faits par l'Imprimerie nationale.

Donc, Messieurs, l'Imprimerie nationale a un fonds de roulement qui s'élève à 1,8oo,ooo francs. Moyennant ce fonds de roulement, elle doit, en y prenant telle ou telle somme, faire face aux nécescités de ses approvisionnements.

Chaque année, l'Imprimerie nationale présente un budget particulier, ne concernant qu'elle, et, dans ce budget particulier, elle présente des chiffres qui sont des prévisions, soit au point de vue de la dépense, soit au point de vue de la recette.

Par exemple, l'Imprimerie nationale vous présentera dans son budget particulier, à titre de prévision, au chapitre des dépenses, une somme de 5oo,ooo francs pour approvisionnements, laquelle somme sera prise sur son fonds de roulement; mais immédiatement, au chapitre des recettes, vous retrouverez cette même somme que l'Imprimerie nationale aura reçue parce que ses impressions auront été livrées et payées. (Très-bien! très-bien!)

M. Dufaure. C'est cela.

M. le Garde des sceaux. L'Imprimerie nationale ne peut pas dépasser le chiffre de ses prévisions sans l'autorisation de l'Assemblée nationale, sans obtenir une ouverture de crédit extraordinaire; j'hésite à me servir de ce mot, car je ne sais pas s'il est parfaitement applicable; puisque ce crédit extraordinaire ne devra pas grever le budget de l'État, il n'aura pour effet que d'augmenter provisoirement la somme des approvisionnements. Je parle d'augmentation provisoire, parce que cette augmentation dans les dépenses sera compensée, d'un autre côté, au chapitre des recettes.

Que s'est-il passé en l'année 1872 ? L'Imprimerie nationale avait présenté un budget dans lequel il y avait, en prévision, un chiffre de 400,000 ou de 500,000 francs. Le chiffre importe peu. Nous arrivons au mois d'août 1872. A cette date, ce chiffre était complétement absorbé et l'Imprimerie nationale aurait dû arrêter immédiatement ses presses, si le Conseil d'État ne lui était pas venu en aide. Je dis le Conseil d'État, parce qu'à ce moment-là l'Assemblée nationale était prorogée et qu'on ne pouvait pas la saisir de ce que j'appelais tout à l'heure une demande de crédit extraordinaire, avec l'interprétation que je donnais à ce mot.

Quelles avaient été les causes de cet épuisement des approvisionnements amassés à l'Imprimerie nationale ? Ces causes étaient de natures diverses. Il y avait eu la création d'impôts nouveaux, qui avaient nécessité des travaux exceptionnels de la part de l'Imprimerie nationale. Il y avait eu, de plus, des travaux considérables pour l'emprunt, et puis ces grands travaux dont on vous parlait tout à l'heure, que l'Angleterre nous avait demandés lors de la création du tribunal arbitral de Genève.

Laissez-moi vous le dire, Messieurs, les événements malheureux que nous avons subis nous ont appris à être modestes; mais il y a une fierté que nous pouvons garder ! Restons justement fiers de nos grands établissements nationaux, et félicitons-nous de voir que nous avons ici un admirable instrument de production qui s'appelle l'Imprimerie nationale. (Approbation sur plusieurs bancs.) C'est un honneur pour nous de voir les puissances étrangères, dans certaines circonstances, venir frapper à la porte de cet établissement et lui dire : Vous seul pouvez me fournir ce dont j'ai besoin ! (Nouvelle approbation sur les mêmes bancs.)

Telle était la situation en 1872. L'Imprimerie nationale avait absorbé le chiffre des prévisions qui avaient été portées à son budget ; elle ne pouvait pas se pourvoir devant l'Assemblée nationale, qui était alors en vacances. Dans cette situation, usant d'une faculté accordée à certains ministères, mais pas accordée à tous, l'Imprimerie nationale crut devoir s'adresser au Conseil d'État.

Il y eut même, à ce moment, au sujet de la compétence du Conseil d'État, une discussion qui avait quelque intérêt. Au Conseil d'État, on dit à l'Imprimerie nationale : Vous n'êtes pas comprise au nombre des ministères ou des administrations qui peuvent s'adresser à nous pour obtenir des crédits extraordinaires ; il y a une énumération limitative ; pourquoi vous adressez-vous au Conseil d'État? L'Imprimerie nationale répondait : Si je ne suis pas comprise dans le nombre des ministères ou des administrations qui peuvent demander des crédits extraordinaires, cela ne fait rien ; car je ne viens pas demander un crédit extraordinaire ; je ne viens pas demander de grever le budget d'une dépense nouvelle ; je viens demander à être autorisée à augmenter le chiffre que j'avais porté en prévision dans mon budget.

Dans ces termes, le Conseil d'État autorisa l'Imprimerie nationale à augmenter le chiffre qu'elle avait porté d'abord dans son budget, et, grâce à cette intervention du Conseil d'État, l'Imprimerie nationale a pu, en votre absence, continuer ses travaux. (Très-bien ! très-bien !)

Eh bien, Messieurs, vous devez maintenant comprendre quel est le véritable sens, le véritable but de ce crédit de 500,000 francs qui vous est demandé. L'Imprimerie nationale a voulu, si, au courant de l'exercice qui va s'ouvrir, ses besoins deviennent tellement nombreux, tellement pressants, que le chiffre qui est porté en prévision dans son budget soit insuffisant, comme l'avait été celui de 1872, l'Imprimerie nationale a voulu, dis-je, en présence de la création d'impôts nouveaux et en présence des dépenses nouvelles qu'elle sera peut-être obligée de faire, pouvoir se mouvoir plus librement et n'être pas arrêtée à un moment donné.

Et voilà pourquoi elle vient vous dire : Je vous demande de grossir de 500,000 francs le chiffre que je porte dans mes prévisions. Mais à côté de ce chiffre de 500,000 francs porté en dépenses, vous trouverez, Messieurs, — prenez le budget, vous en aurez la preuve, — un autre chiffre de 500,000 francs porté en recettes.....

M. Gaslonde. C'est évident !

M. le Garde des sceaux. Il est possible, Messieurs, que ce chiffre de 500,000 francs ne soit pas absorbé ; on en prendra ce qui sera nécessaire ; mais vous en retrouverez l'équivalent au chiffre des recettes, parce que ce que l'Imprimerie nationale aura imprimé, vendu en plus, vous le retrouverez en recettes. Dès lors, Messieurs, vous voyez combien la question qui vous est soumise est simple.....

M. Gaslonde. Oui, c'est clair !

M. le Garde des sceaux. Il ne s'agit pas le moins du monde d'une dépense nouvelle à mettre à la charge du Trésor ; il ne s'agit pas de modifier l'état de l'Imprimerie nationale ; elle a son fonds de roulement, — et tout à l'heure je vous fournirai quelques explications sur la manière dont le fonds de roulement est constitué, — elle ne demande rien à l'État, elle vit par ses seules ressources, et je démontrerai combien il est nécessaire de conserver à cet établissement la force que la loi lui a assurée. (Très-bien ! très-bien !)

Pourquoi donc, Messieurs, les plaintes que nous venons d'entendre? Quel est cet intérêt si subit que MM. les imprimeurs, qui nous ont envoyé des notes si nombreuses, portent au crédit de l'État?

Le crédit de l'État! mais il n'est en rien engagé; l'État n'a aucune dépense nouvelle à faire.

Vous avez entendu le langage des imprimeurs; écoutez ce qu'en l'an v, — la création de l'Imprimerie nationale est de l'an ii, — disait au Directoire Merlin, ministre de la justice :

« J'ai examiné et discuté, dans le plus grand détail, les inculpations qui, à diverses reprises, ont été dirigées contre l'Imprimerie nationale, les projets qui vous ont été présentés, soit pour en démembrer le service, en donnant à l'entreprise l'impression des lois, soit pour l'anéantir, en rendant à chaque ministre, à chaque administration dont les impressions sont à la charge du Trésor public, la faculté de se servir d'une imprimerie particulière, en restreignant les attributions de celle de la République à l'impression des ouvrages dont le Gouvernement jugerait devoir faire les frais pour en récompenser les auteurs et contribuer aux progrès des sciences et des lettres.

« Vous aurez reconnu dans ces déclamations contre des abus imaginaires et dans ces projets, toujours masqués par l'amour du bien public, les efforts d'une multitude de propriétaires d'imprimeries pour ressaisir les impressions d'administration qu'ils s'étaient partagées dans des moments de trouble et de confusion. Vous avez senti combien, au contraire, la centralisation, dans une seule imprimerie, des impressions payées par le Trésor national est favorable à la surveillance de cette partie importante de la dépense publique, combien elle est nécessaire pour avoir toujours sous la main, et maintenir dans cette continuelle activité d'où dépend l'économie, des ouvriers auxquels l'impression des lois et celle de quelques ouvrages scientifiques ne peuvent fournir qu'une occupation intermittente. »

Avais-je raison de vous dire, Messieurs, que, il y a quatre-vingts ans, c'étaient les mêmes attaques qui se produisaient contre l'Imprimerie nationale, c'était le même système de récriminations ? Et vous venez de voir comment le ministre de la justice y répondait. Cette réponse, je puis m'en emparer et dire qu'elle doit être aujourd'hui la même, car les attaques sont les mêmes qu'alors. (Très-bien ! très-bien !)

Un mot, maintenant, sur l'histoire de l'Imprimerie nationale depuis cette époque.

Les deux lois ou décrets qui forment la charte de l'Imprimerie sont un décret de 1809 et une ordonnance royale de 1823. Le décret de 1809, — et j'appelle, Messieurs, toute votre attention sur les termes si énergiques dans lesquels il est conçu, — le décret de 1809 s'exprimait ainsi :

« L'Imprimerie impériale restera chargée exclusivement de toutes les impressions des divers départements du ministère, du service de la maison impériale, du Conseil d'État, et de l'impression et distribution du *Bulletin des lois.* »

Elle demeure chargée exclusivement de toutes les impressions des divers départements du ministère.

C'était un monopole; oui, c'était un monopole, mais un monopole que l'État exerçait à son seul profit et pour les seules impressions qui le concernaient. Je ne sache pas qu'il fût un attentat à la liberté industrielle, alors que l'Imprimerie impériale ne pouvait imprimer que les documents qui dépendaient de l'administration de l'État.

Et cependant les plaintes qui s'étaient déjà produites en l'an v, et contre lesquelles le ministre de la justice Merlin protestait dans le langage que vous savez, ces plaintes ne tardèrent pas à se renouveler; et il vint un jour où, sous la Restauration, pour se conformer à ce principe de la liberté du commerce de la librairie dont parlait tout à l'heure l'honorable M. Arthur Legrand, le monopole de l'Imprimerie nationale fut en quelque sorte écarté. Et M. Legrand de dire qu'en trois ans — car cet état de choses ne dura que trois ans — en trois ans, l'entrepreneur avait gagné 2 millions.

Et au préjudice de qui, Messieurs, avait-il gagné ces 2 millions? Je remercie M. Legrand d'avoir apporté ces chiffres à la tribune. Quoi! il avait gagné 2 millions au préjudice de l'État! (Non! non! — Si! si!)

J'aime mieux, quant à moi, que l'État mette dans ses caisses ces 2 millions, au lieu de les voir entrer dans la poche de l'entrepreneur. Et cela posé, Messieurs, vous comprendrez..... (Interruptions diverses.)

Plusieurs voix. Attendez le silence!

M. LE GARDE DES SCEAUX. Messieurs, je comprends que ce débat d'affaires ne peut pas intéresser très-vivement l'Assemblée.

Voix nombreuses. Si! si! — Parlez! parlez!

D'autres membres. Continuez; au contraire, c'est très-intéressant.

M. LE GARDE DES SCEAUX. .... Mais il faut bien que nous traitions les affaires comme les affaires.

M. ARTHUR LEGRAND. J'ai dit que le régisseur de l'Imprimerie nationale, de 1814 à 1820, avait gagné 350,000 francs par an là où l'État ne gagne que 8,400 francs. Voilà ce que j'ai dit.

M. LE GARDE DES SCEAUX. Eh bien, je répondrai à l'honorable M. Legrand que si l'entrepreneur gagnait 350,000 francs par an, la différence était prise dans la caisse du Trésor pour passer dans la poche de l'adjudicataire. (Mais non! mais non! — Mais si! mais si!) Eh bien, plus vous me direz que l'entrepreneur gagnait des sommes supérieures à celles que gagne l'Imprimerie nationale, plus je vous dirai que vous démontrez la nécessité de l'Imprimerie nationale au point de vue de l'intérêt de l'État.

Quant à moi, c'est une expérience qui me paraît tellement évidente, qu'il ne me paraît pas possible de la renouveler.

Et voilà pourquoi, Messieurs, l'État, qui avait cédé trop vite aux réclamations des intéressés, s'étant promptement rendu compte des bénéfices considérables qu'on faisait à son préjudice, s'empressa, en 1823, de rétablir l'ancien état de choses. L'ordonnance de 1823 devint la constitution définitive de l'Imprimerie nationale. Voici, Messieurs, comment s'exprimait cette ordonnance de 1823, et je tiens à démontrer qu'elle se rallie de la manière la plus explicite au décret impérial du 24 mars 1809.

Voici l'ordonnance :

«A compter du 1ᵉʳ octobre prochain, l'Imprimerie royale sera administrée en régie pour le compte de l'État, sous l'autorité de notre garde des sceaux. Les attributions de l'Imprimerie royale seront réglées conformément à la loi du 27 janvier 1795, à l'arrêté du 10 décembre 1801 et au décret du 24 mars 1809. »

Or, vous savez que dans le décret du 24 mars 1809 se trouvaient des attributions exclusives.

Le mot *exclusivement,* c'est là tout le sens et toute la portée du décret de 1809. Donc, la loi de 1823 se réfère au décret de 1809, qui avait attribué à l'Imprimerie nationale un monopole, il faut dire le mot, mais un monopole dans les limites suivantes :

L'Imprimerie nationale reste chargée : « de l'impression du *Bulletin des lois,* des travaux d'impression qu'exigera le service de notre cabinet, de notre maison, de notre chancellerie, de nos conseils, des ministères et des administrations générales qui en dépendent.

« Il ne sera exécuté à l'Imprimerie royale aucun travail d'impression pour le compte des particuliers.

« Sont seuls exceptés de cette prohibition les ouvrages dont l'exécution exigera des caractères qui ne se trouvent pas dans les imprimeries ordinaires, les ouvrages dont nous aurons ordonné l'impression gratuite. »

Voilà, Messieurs, le véritable terrain sur lequel doit se mouvoir l'Imprimerie nationale. Et quand l'industrie privée dit que l'Imprimerie nationale attente à son domaine, il faut retourner le reproche et dire que c'est l'industrie privée qui, tous les jours, veut amoindrir le domaine de l'Imprimerie nationale. Et depuis quatre-vingts ans, ce n'est pas autre chose qu'une suite d'empiétements que le Gouvernement est obligé d'arrêter.

Et vous allez voir comment, dans les années qui se sont succédé, l'opinion du Gouvernement, l'opinion des ministres, sous tous les régimes, a été la même.

Je viens de rappeler comment l'Imprimerie nationale avait été organisée en 1823. Eh bien, franchissons plusieurs années, pendant lesquelles, à coup sûr, je pourrais, si je ne craignais de fatiguer l'Assemblée, reproduire devant vous le récit des mêmes réclamations d'une part, des mêmes résistances de l'autre : nous arrivons à 1864.

En 1864, les réclamations de l'industrie privée s'étaient multipliées, et alors une Commission fut nommée.

Voici comment elle était composée :

M. Baroche, garde des sceaux, ministre de la justice et des cultes; M. Rouland, ministre présidant le Conseil d'État; M. Magne, membre du Conseil privé; MM. Duvergier et de Lavenay, conseillers d'État.

Tout à l'heure, l'honorable M. Arthur Legrand, qui a participé aux travaux de cette Commission en qualité de secrétaire, vous communiquait les notes manuscrites qu'il avait gardées de ce travail. Qu'il me permette de lui dire qu'à ces notes manuscrites je dois préférer le texte officiel du rapport qui fut en effet présenté à l'empereur, et dont je vous soumets les conclusions :

« En résumé, la Commission a l'honneur de soumettre à la haute appréciation de l'empereur les propositions suivantes :

« 1° Aux termes des règlements existants, l'Imprimerie impériale est exclusivement chargée de tous les travaux d'impression des différents ministères.

« 2° Cette attribution exclusive doit lui être conservée.

« 3° Son organisation actuelle doit être maintenue; il n'y a point lieu de la modifier, soit en affectant des crédits spéciaux aux travaux que l'Imprimerie impériale exécute gratuitement, soit en permettant de confier à l'industrie privée les impressions qui sont susceptibles de procurer des bénéfices et en laissant à la charge de l'Imprimerie impériale celles auxquelles sont imposées des conditions onéreuses de célérité, d'exactitude et de discrétion. De semblables modifications ne produiraient aucune économie réelle et pourraient compromettre l'existence même de l'Imprimerie impériale.

« 4° On doit, en apportant dans les différentes branches des services des améliorations analogues à celles qui y ont déjà été introduites, s'efforcer de ramener les prix du tarif à ceux qui pourraient être proposés par l'industrie privée.

« 5° Enfin, en réservant à l'Imprimerie impériale toutes les impressions, même celles qui doivent être expédiées dans les départements, il est possible d'autoriser l'exécution, dans une localité déterminée, des impressions qui doivent être employées dans cette même localité. »

Voilà les résultats de la Commission aux travaux de laquelle participait M. Arthur Legrand. Cette Commission est arrivée à cette conclusion : maintenir énergiquement, absolument les droits exclusifs de l'Imprimerie nationale.

Il y a autre chose; et c'est ici que je vous signale les changements de tactique qui se produisent dans les réclamations de l'industrie privée, suivant les temps et suivant les tarifs.

Lorsque je lisais les documents relatifs aux anciennes réclamations de l'industrie privée, savez-vous ce que j'y trouvais? L'industrie privée disait à l'État : Vous avez une Imprimerie nationale qui a des tarifs beaucoup trop élevés ; on vous fait payer beaucoup trop cher ; nous pouvons vous faire à meilleur marché.

Aujourd'hui, la tactique a changé et l'on dit à l'État : L'Imprimerie nationale a des tarifs trop abaissés ; et ce sont ces tarifs trop réduits qui font que certaines administrations, qui, en violation de la loi, je n'hésite pas à le déclarer, s'adressaient à l'industrie privée, vont aujourd'hui retrouver l'Imprimerie nationale. De telle sorte que, suivant les cas et suivant les tarifs, tantôt on reproche à l'Imprimerie nationale de faire payer trop cher, d'avoir des tarifs trop élevés, tantôt on lui reproche d'avoir des tarifs trop abaissés. J'indique ceci parce que vous venez de remarquer que, dans les conclusions du rapport dont j'ai donné lecture, l'Imprimerie nationale était invitée à introduire des améliorations de nature à ramener les prix du tarif à ceux qui pourraient être proposés par l'industrie privée.

Postérieurement à ce rapport, qui, en 1864, mit fin à toutes les réclamations qui avaient été élevées contre l'Imprimerie nationale, l'administration de l'Imprimerie crut devoir entrer dans la voie qui lui avait été indiquée par les conclusions de ce rapport.

Donc les tarifs furent successivement réduits, et, me bornant aux trois dernières années, je constate qu'en 1871 les tarifs furent abaissés de 68,500 francs, en 1872 de 50,000 francs, et en 1873 de 48,000 francs. (Bruit et interruptions.)

M. WALLON. Écoutez donc ! C'est très-important !

M. DE TRÉVENEUC. On ne veut donc pas entendre parler d'affaires !

M. FOURNIER, *s'adressant à M. le garde des sceaux.* Attendez que la gauche ait fini ses conversations !

M. GALLONI D'ISTRIA. Vous ne pourrez jamais les convaincre, Monsieur le Garde des sceaux ; adressez-vous à la droite !

M. LE GARDE DES SCEAUX. Et maintenant vous allez retrouver en

1872, de la part de l'industrie privée, les mêmes réclamations, et de la part du ministère de la justice les mêmes résistances. En 1872, le ministre de la marine était saisi d'une demande émanée de l'industrie privée; elle disait au ministre de la marine : Je vous offre de faire vos impressions et de les faire à de meilleures conditions; vous pouvez me donner ces impressions, la loi ne vous le défend pas.

Avant de répondre, le ministre de la marine crut devoir consulter son collègue le garde des sceaux; et ici permettez-moi de citer une autorité que je serai toujours heureux d'invoquer à cette tribune, et que vous serez toujours heureux d'entendre. (Marques d'assentiment.)

Voici ce que disait M. Dufaure, alors ministre de la justice, à son collègue le ministre de la marine. Vous allez voir la question posée dans ses véritables termes, et en termes tellement décisifs, qu'après cette communication de plus longs développements deviendront inutiles.

« Tel est, Monsieur le Ministre et cher Collègue, l'état présent de la législation concernant l'Imprimerie nationale. Je ne dis pas que cette législation ait toujours été respectée; mais le mépris que l'on en a fait quelquefois n'a pu l'affaiblir; les exemples que l'on a donnés à cet égard ne sont pas ceux que nous devons suivre.

« Lorsque les droits de l'Imprimerie nationale ont été sérieusement examinés, ils n'ont pas paru douteux. Vous me rappelez avec raison le remarquable rapport qui fut rédigé sur ce sujet le 25 juin 1864 par une commission composée de trois des ministres de l'époque et de deux conseillers d'État. Je me permets de vous en envoyer un exemplaire pour me dispenser de répéter les raisons qu'il contient.

« Vous critiquez seulement l'offre que le directeur de l'Imprimerie avait faite de renoncer à son droit pour tous les documents qui peuvent être imprimés dans le lieu même où ils sont employés. Vos critiques, à cet égard, ne m'ont pas paru bien fortes; d'ailleurs, si cette exception à nos règles générales vous gêne, l'Imprimerie est prête à se charger de toutes les impressions dont votre département a besoin.

« Je ne voudrais pas laisser sans réponse deux idées plusieurs fois reproduites dans le cours de votre lettre. L'Imprimerie nationale vous semble avoir un monopole : M. Dupont réclamerait au nom de la liberté de l'imprimerie. Cela est-il bien réfléchi? L'État, par les motifs les plus puissants que le rapport à l'empereur développe très-bien, veut faire lui-même les impressions dont il a besoin; il travaille exclusivement pour lui-même; et on appelle cela un monopole! et il gêne la liberté de l'imprimerie!

« Quant à la question d'économie dont vous signalez avec raison l'importance... » (Interruptions et bruit.)

Quelques membres. Aux voix!

D'autres membres. Non! non! Parlez!

M. LE GARDE DES SCEAUX. Je croyais, Messieurs, que, quand il s'agissait d'un des établissements les plus importants de l'État, vivement attaqué à cette tribune, c'était un devoir pour le ministre de la justice de le défendre.

Voix nombreuses. Oui! oui! — Très-bien! très-bien! — Parlez! parlez!

M. LE GARDE DES SCEAUX. « Quant à la question d'économie, continuait M. Dufaure, dont vous signalez avec raison l'importance, soyez persuadé, Monsieur le Ministre et cher Collègue, qu'aucun adjudicataire ne vous fournirait des impressions convenables à meilleur marché que l'Imprimerie nationale. J'en ai la preuve manifeste dans un mémoire que m'ont adressé, il y a quelques mois, les imprimeurs de Paris. Dans quelques marchés qu'ils passent, ils conviennent d'accepter pour arbitre le directeur de l'Imprimerie.

Les sentences qu'il rend consistent uniquement à réduire les prix demandés par les imprimeurs aux tarifs ordinaires de l'Imprimerie elle-même. De là leurs plaintes, et ils me démontrent très-bien que l'imprimerie libre ne peut pas égaler pour le bon marché notre grand établissement national.

« Il n'y a donc ni raison ni prétexte pour abandonner le parti si facile et si sûr de se conformer aux prescriptions de la loi. » (Très-bien! très-bien!)

Voilà le dernier état de la question. Eh bien, quelle est maintenant la situation de l'Imprimerie nationale?

Est-ce que l'Imprimerie nationale imprime des ouvrages en dehors des attributions que la loi lui a conférées? Je mets au défi MM. les représentants de l'imprimerie et de la librairie de citer un seul ouvrage ayant été imprimé par l'Imprimerie nationale en dehors des statuts qui règlent son organisation.

J'ai voulu, parce qu'il y avait là une question de légalité, et que si je défends les droits de l'Imprimerie nationale, comme c'est mon droit et mon devoir, j'entendais aussi défendre les droits de l'industrie privée, si elle avait raison; j'ai voulu, dis-je, me rendre compte et, dans ce but, j'ai demandé un état exact et officiel des ouvrages imprimés par l'Imprimerie nationale dans le courant de 1872 et 1873, des ouvrages qui n'étaient pas des ouvrages législatifs ou administratifs.

J'en ai la note entre les mains. Ces ouvrages sont au nombre de cinq, et ils n'ont été imprimés qu'avec l'autorisation accordée par le garde des sceaux; de plus, ces ouvrages n'ont été imprimés que parce que c'était des ouvrages scientifiques pour lesquels leurs auteurs ne pouvaient trouver qu'à l'Imprimerie nationale seule les caractères particuliers dont ils avaient besoin. Car, Messieurs, il faut bien que vous le sachiez, ce qui donne une si grande importance à notre grand établissement d'imprimerie nationale, c'est qu'il possède des collections de caractères pour les langues orientales, qui n'existent nulle autre part en Europe.

Eh bien, dans le courant de 1872 et de 1873, l'Imprimerie nationale n'a imprimé que cinq ouvrages émanant de l'initiative privée : ce sont des ouvrages scientifiques; et, à côté de chacun de ces ouvrages, j'ai eu soin de me faire représenter, — car je ne voulais apporter à l'Assemblée que des affirmations indéniables, — j'ai eu soin de me faire représenter l'autorisation donnée par mes prédécesseurs. (Très-bien! très-bien !)

Donc, Messieurs, l'Imprimerie nationale reste dans la sphère rigoureuse de ses attributions. Mais ce qui est vrai pour elle est-il vrai pour l'industrie privée ?

L'industrie privée — je ne lui en fais pas de reproche, elle obéit à son intérêt et cherche toujours à envahir le domaine qui lui est interdit — l'industrie privée a cherché à prendre le plus possible à l'Imprimerie nationale. C'est ainsi qu'en 1872, comme je le rappelais tout à l'heure, le ministre de la marine s'adressait au ministre de la justice pour savoir s'il pouvait traiter avec une grande maison d'imprimerie. Évidemment ce n'est pas le domaine de l'industrie privée qui est atteint chaque jour, c'est au contraire le domaine de l'Imprimerie nationale qui est l'objet des empiétements de l'industrie privée. Je reconnais que dans la défense de ce domaine il faut apporter beaucoup de modération, beaucoup de prudence, et qu'il ne faut pas briser des situations acquises; je dis que si l'Imprimerie nationale poursuivait avec une grande rigueur l'exercice de ses droits absolus dans telle ou telle circonstance, il y aurait là sans doute, Messieurs, l'exécution rigoureuse de la loi, mais enfin ce serait une exécution rigoureuse. Voilà, Messieurs, sur quel terrain il faut se placer; et maintenant j'avoue que je ne comprends pas le reproche que l'on faisait tout à l'heure à l'Imprimerie nationale au point de vue de ses bénéfices si restreints.

Je n'ai plus qu'un mot à vous dire et je descends de la tribune. (Parlez! parlez!)

J'avoue, Messieurs, que je ne comprends pas l'argument qui consiste à dire que l'Imprimerie nationale ne fait que des bénéfices

7

très-modestes, et qu'elle ne verse aux caisses du Trésor que des sommes insignifiantes. Voulez-vous que l'Imprimerie nationale verse des sommes considérables au Trésor? Qu'elle élève alors ses tarifs, et on prendra d'une main ce que l'on retirera de l'autre! (C'est évident!)

M. Gaslonde. Ce sont des dépenses d'ordre.

M. le Garde des sceaux. Tout à l'heure, l'honorable M. Legrand disait : Voyez, le chiffre des bénéfices versés au Trésor par l'Imprimerie nationale a été chaque jour diminuant, et il comparait pour exemple l'année 1848 à l'année 1863.

Messieurs, je réponds que depuis vingt ans l'Imprimerie nationale a fait face à des dépenses considérables, et il résulte de chiffres officiels que, si l'on joint aux 730,000 francs qu'elle a versés au Trésor les autres sommes réalisées par elle, on arrive à ce chiffre de près de 9 millions dont parlait tout à l'heure M. Taillefert.

Comment arrive-t-on à cette somme de 9 millions?

En deux mots, voici l'explication. Le roulement a été augmenté de 800,000 francs, puis il a été créé une caisse des retraites qui aujourd'hui a son capital complet, et hier j'ai pu signer un arrêté aux termes duquel il ne sera plus versé sur l'exercice prochain à la caisse des retraites les neuf dixièmes qu'on y versait autrefois. De telle sorte que, sur l'exercice prochain, le Trésor touchera des bénéfices plus considérables, si on peut appeler cela des bénéfices, car en vérité les mots *bénéfices*, *pertes*, *crédits extraordinaires*, sont détournés de leur véritable sens quand il s'agit de l'Imprimerie nationale.

Je dis que, à partir de l'exercice prochain, la caisse des retraites étant encore à son chiffre complet, M. Legrand aura cette satisfaction de voir une somme beaucoup plus considérable qui, des mains de l'Imprimerie nationale, fera retour au Trésor.

Je crois avoir répondu à toutes les objections qui avaient été faites. (Oui! oui! — Très-bien!) J'ai peut-être abusé de l'attention de l'Assemblée. (Non! non!) Mais j'ai cru, Messieurs, qu'il y avait un devoir à remplir et j'ai voulu le remplir jusqu'au bout. (Très-bien! très-bien!)

(M. Raudot monte à la tribune avec un gros volume dans les mains, ce qui provoque quelques exclamations.)

M. Raudot. Messieurs, il me semble que la vue du gros volume du budget que j'apporte ici a effrayé un certain nombre de nos collègues. N'ayez pas peur que je parle longtemps; quoique le volume soit gros, je veux seulement en extraire quelques chiffres probants.

M. le rapporteur a commencé par vous dire qu'il parlait au nom de la Commission. Je crois qu'il aurait peut-être bien fait de dire qu'il y avait eu d'abord dans la Commission du budget une première épreuve où dix membres s'étaient prononcés pour mon amendement et dix autres contre, et que ce n'est que parce qu'il est survenu ici un autre membre qu'il y a eu une voix de majorité contre. (Bruit.)

Je dirai en outre, Messieurs, que le président de la Commission était de mon avis, et vous savez s'il mérite confiance.

M. Gaslonde. Il n'a pas voix prépondérante!

M. Raudot. Il n'a pas voulu en user. La question est donc extrêmement grave. Le discours de M. le garde des sceaux suffirait à prouver qu'elle mérite votre attention, et votre attention très-sérieuse.

M. le rapporteur nous a dit et M. le garde des sceaux a répété : Mais de quoi vous occupez-vous? Vous êtes les défenseurs des deniers des contribuables. Eh bien, les contribuables sont désintéressés, le Trésor n'aura absolument rien à donner; c'est une affaire d'ordre; les 5oo,ooo francs sont pour mémoire!

Ah! permettez : ici il y a une confusion; on vous a expliqué, ce qui n'était pas dans la note préliminaire, ce que personne d'entre vous ne savait, que l'Imprimerie nationale avait un fonds de roulement de 1,800,000 francs. D'abord cela me semble un peu extraordinaire, un fonds de roulement de 1,800,000 francs pour une industrie qui s'élève à 5 millions. C'est donc que l'Imprimerie nationale se regarde comme indépendante et qu'elle met dans sa caisse particulière tous les bénéfices qu'elle fait. Voilà comment on s'explique que nous n'avons que quelques mille francs au compte du Trésor. (Réclamations sur divers bancs.)

Un membre. Ce n'est pas sérieux !

M. Raudot. Comment ! ce n'est pas sérieux ! Ah ! permettez : si l'Imprimerie nationale fait des bénéfices considérables, elle ne doit pas augmenter indéfiniment son fonds de roulement ; ces bénéfices doivent figurer au budget de l'État et venir en déduction des sommes énormes qu'on lui a données.

Ce qui me paraît de la dernière évidence, parce que l'Imprimerie nationale n'a pas versé dans le Trésor public les 500,000 fr. qui devraient y être. On prétend que le Trésor ne souffrira pas de la mesure qui vous est proposée. Le Trésor en souffrira, parce qu'il devrait avoir ces 500,000 francs actuellement.

Je croyais qu'on en avait fini avec ces caisses particulières qui existaient autrefois, et que successivement on a voulu détruire. Tout l'argent dépensé ou reçu par les administrations de l'État devrait figurer dans le budget de l'État, et je ne conçois pas une administration particulière qui prend l'argent du Trésor, à qui on a donné des immeubles et des sommes considérables pour faire un service public, et qui met dans sa caisse particulière les bénéfices qu'elle fait.

M. Dufaure. C'est en vertu d'un décret !

M. le Garde des sceaux. Demandez l'abrogation de la loi !

M. Raudot. C'est en vertu d'un décret, me dit-on. Mais il y a une foule de décrets qui ne valent rien. (Exclamations.) On nous dit toujours dans cette discussion qu'il y a des ordonnances, des lois ; Messieurs, il faut qu'on sache qu'il n'y a point de lois : il y a des décrets, des ordonnances souvent contradictoires.

Quand M. le garde des sceaux vient nous dire : Voilà quatre-vingts ans que la question se discute, ce n'est pas nouveau ; il y a tel ou tel décret, de l'an vii, de 1809, de 1814, de 1823 ! je dis, moi, que s'il y a tant de réclamations depuis si longtemps, tant de décrets qui se contredisent, c'est qu'en définitive des intérêts légitimes sont lésés, des principes sont méconnus, et que les décrets ne valent rien.

Il s'agit aujourd'hui de décider une question très-grave, qui depuis quatre-vingts ans est en discussion ; cela est vrai. Eh bien ! décidez-la, tranchez-la d'une manière conforme aux principes.

On a parlé du Directoire, de l'Empire, de M. Merlin, de l'éminent garde des sceaux M. Dufaure, de tous les gardes des sceaux, dont les avis étaient tous pareils.

Je conçois cet argument de personnes, mais je ne m'y rends pas. (On rit.) Tous les ministres se succèdent.

Une voix. Et se ressemblent !

M. Raudot. Non, ils ne se ressemblent pas, mais tous leurs bureaux et leur administration se ressemblent ; ils prennent tous leurs renseignements auprès d'eux sur toutes questions, et les ministres ne sont ici, les trois quarts du temps, que l'écho des bureaux de leur ministère. (Très-bien ! à gauche.)

Messieurs, nous allons serrer la question d'un peu plus près.

On nous dit que, d'après l'ordonnance de 1823, l'Imprimerie nationale a le monopole de toutes les impressions des ministères. Eh bien, oui, elle a un monopole ; mais si vous examinez les termes de l'ordonnance, si vous voulez étendre la façon dont vous les interprétez, l'Imprimerie nationale imprimera une quantité innombrable de volumes, d'avertissements, de papiers de toutes espèces, parce que, par suite de la centralisation excessive qui existe en France, tous les ministères comprennent tout, jusqu'au dernier village de France. Prenons le ministère des finances, par exemple. Si vous voulez vous en tenir aux termes des ordonnances, tout, absolument tout ce qui concerne le ministère des finances devra être imprimé à l'Imprimerie nationale. Quel sera le résultat? Il sera déplorable. Ce sont des monceaux de papiers qui vont être imprimés à l'Imprimerie nationale pour tous les départements, pour toutes les communes de France, et en définitive votre monopole aura cette conséquence que tous les imprimés coûteront beaucoup plus cher que s'ils étaient fournis par l'industrie privée et dans les départements et sur place.

Un membre. C'est la question !

M. Raudot. Je m'en vais vous le prouver tout de suite.

M. Legrand nous a apporté des documents extrêmement intéressants : il a été secrétaire d'une commission qui a entendu les délégués des différents ministères. Qu'ont-ils dit? Ils ont affirmé que l'Imprimerie nationale faisait payer trop cher les imprimés qui leur étaient nécessaires, que l'industrie privée les ferait à meilleur marché, que, par conséquent, le Trésor y gagnerait.

Qu'a répondu M. le garde des sceaux? L'Imprimerie nationale a un monopole, vous êtes soumis à ce monopole, il faut que vous fassiez imprimer à l'Imprimerie nationale. C'est une réponse qui n'en est pas une et prouve le vice du monopole.

Un membre. La Commission a conclu à ce que les choses restassent en l'état.

M. Raudot. Oui, la Commission a conclu à ce que les choses restassent en l'état. Mais vous n'avez pas compris le véritable sens des communications de M. Legrand; il ne s'agit pas, dans notre discussion, de savoir ce que la Commission a décidé, mais ce qu'elle a constaté.

Eh bien, les délégués des ministères ont dit que les impressions de l'Imprimerie nationale coûtaient plus cher, et vous n'avez qu'à consulter les principaux directeurs actuels de service : ils seront encore unanimes sur ce point, s'ils peuvent parler librement.

Vous avez, par exemple, les directeurs des contributions directes, à qui on a laissé la faculté de s'adresser à qui ils voudraient pour leurs avertissements, bordereaux et avis; on leur fait un fonds d'abonnement. S'adressent-ils à l'Imprimerie nationale? Non, cela leur coûterait trop cher; ils s'adressent à l'industrie privée.

Et si on examine les choses de près, on voit très-bien pourquoi l'Imprimerie nationale doit faire payer plus cher que l'industrie privée, quoiqu'elle ait des établissements d'une valeur de 12 ou 13 millions qui lui ont été donnés par l'État.

Messieurs, dans l'industrie privée on a pour principe qu'il faut travailler beaucoup et qu'il faut être économe. Eh bien, votre Imprimerie nationale, comment est-elle constituée? C'est tout simplement une collection de fonctionnaires publics. Votre directeur, vos sous-directeurs, tous vos employés sont des fonctionnaires qui ont des traitements fixes avec les revenants-bons dont je vais vous parler tout à l'heure. Est-ce qu'une industrie privée pourrait tenir avec un système pareil?

Voici le tableau du personnel de l'Imprimerie nationale : ce personnel coûte 285,000 francs, et je ne parle pas ici des ouvriers, remarquez-le bien, je ne parle que du personnel des employés. Ainsi, par exemple, le directeur a 15,000 francs; il y a un sous-directeur à 7,000 francs; un chirurgien à 2,200 francs; six chefs de service et agents comptables, 36,500 francs; six sous-chefs, 26,800 francs; deux vérificateurs et rédacteurs, 6,300 francs; cinq commis d'ordre, 17,200 francs; vingt et un commis et expéditionnaires, 53,400 francs, etc. etc. Tous ces employés reçoivent des traitements fixes; de plus, tous les principaux employés sont logés aux frais de l'État, tous ont le chauffage et l'éclairage : ainsi le directeur a de ce chef 3,750 francs. Ce sont là de très-bonnes places et très-recherchées, même par ceux qui n'entendent rien à la typographie.

Eh bien, Messieurs, quel intérêt personnel ont ces employés dans cette industrie de l'Imprimerie nationale?... (Réclamations.) Ils n'en ont aucun. Que l'exploitation marche bien ou mal, ils ont toujours leur traitement, leur chauffage, leur éclairage. (Réclamations sur divers bancs.) Une industrie privée, si ses directeurs n'avaient aucun intérêt pécuniaire en jeu, si elle s'administrait de cette façon-là, serait bientôt complétement ruinée. C'est évident. Comment! vous avez un établissement dont la valeur est de 12 à 13 millions; vous avez un fonds de roulement de 1,800,000 francs, et, en définitive, combien avez-vous de bénéfices? Voilà ce qui explique comment l'Imprimerie nationale, qui a le monopole et qui oblige toutes les administrations à s'adresser à elle, vend à ces administrations ses imprimés plus cher que l'industrie privée.

On me dit : Mais, cependant, vous dites vous-même qu'elle a déclaré dans les règlements de son tarif qu'elle tiendrait ses prix au-dessous des prix du commerce.

Il faut s'entendre. Si vous avez le monopole sur les imprimés de l'État, alors vous faites payer trop cher, parce qu'on ne peut pas s'adresser à d'autres. Jusqu'à présent on avait reconnu que les départements, les octrois, les communes, etc. pouvaient s'adresser autre part. Mais l'Imprimerie nationale veut faire concurrence à l'industrie privée pour ces objets, et elle donne au-dessous des prix de revient ou des prix ordinaires du commerce; elle n'en est pas ruinée, mais elle ruine les imprimeurs ses concurrents. L'Imprimerie nationale fait ce que nous avons vu dans des compagnies rivales de transports ou autres : en vue de tuer une industrie rivale, le plus fort livre momentanément à prix réduits. Voilà comment s'expliquent les prix trop élevés et les prix trop bas de l'Imprimerie nationale.

Messieurs, il y a dans cette affaire une grande question que beaucoup de personnes ne comprennent pas encore, mais qui, je l'espère, finira par être comprise de tout le monde.

M. le garde des sceaux vous a dit : Ce sont des intérêts privés qui s'insurgent. Eh! sans doute; mais le Gouvernement a précisément pour mission de protéger les intérêts privés lorsqu'ils sont légitimes.

Je ne suis pas imprimeur, je ne suis pas directeur de l'Imprimerie nationale, je ne suis pas garde des sceaux, je ne suis qu'un simple député qui voudrait faire connaître la vérité et qui souhaiterait que l'on fît de bonnes choses, au lieu de s'obstiner à en conserver de mauvaises.

M. ARTHUR LEGRAND. Je fais, bien entendu en ce qui me concerne, absolument les mêmes réserves que l'honorable M. Raudot.

M. RAUDOT. Sans doute; mais la manière dont M. le garde des sceaux parlait des intérêts privés m'a fait comprendre que, malheureusement, il ne possède pas une partie essentielle, selon moi, des connaissances humaines quand on veut être un homme d'État. (Sourires.) Il ne connaît pas ce qu'on appelle l'économie politique, qui souvent a été mal comprise, mais qui, bien comprise, est une science véritable dont il faut respecter les arrêts.

La France est la nation où l'on connaît le moins ce principe essentiel, et c'est là une des grandes causes de sa faiblesse et de ses révolutions. Il ne faut jamais que l'État s'occupe de choses que les particuliers peuvent faire avantageusement pour tout le monde. (Très-bien! sur divers bancs.)

C'est là un grand principe que la France, malheureusement, connaît très-peu, pratique rarement, et ce n'est pas d'aujourd'hui; il en a été de même dans les siècles passés. Les Gouvernements, dans notre pays, se sont occupés et s'occupent souvent encore de choses qui ne les regardent pas, nuisant ainsi à l'activité des particuliers et faisant concurrence au commerce et à l'industrie, en mettant en pratique les principes du socialisme, qu'on propage ainsi sans le savoir.

Si vous voulez vous borner à faire de votre grand établissement d'imprimerie nationale un établissement modèle de l'art typographique, si vous voulez vous borner à avoir des impressions de luxe, à imprimer certains ouvrages sabéens, assyriens, dont parlait un des orateurs, des ouvrages écrits dans cette langue mystérieuse que l'on ne connaît pas; si vous voulez vous borner au chinois et à toutes les langues étrangères, c'est très-bien : c'est un établissement scientifique qu'il faut faire vivre avec l'argent de l'État, car il ne pourrait pas vivre autrement. Mais il s'agit ici de choses que l'industrie privée peut faire parfaitement bien. Eh bien, pourquoi voulez-vous que l'État le fasse? pourquoi lui donner un monopole? L'État, ensuite, commet une injustice. Est-ce qu'il est bien loyal qu'une industrie soutenue par l'argent du public fasse concurrence à des industriels privés qui sont chargés d'impôts, qui vont l'être encore davantage? Je dis que c'est injuste au premier degré et contraire à tous les principes.

Messieurs, encore un mot et j'ai fini. (Parlez! parlez!)

En 1872, vous avez accordé un crédit de 500,000 francs pour approvisionnements de l'Imprimerie nationale. Ce crédit était justifié parce qu'il y avait de nouveaux impôts à mettre à exécution et des emprunts qui exigeaient une quantité considérable d'impressions, etc.

Mais aujourd'hui, pour l'année prochaine, quelle est donc la nécessité d'augmenter de 500,000 francs le budget pour approvisionnements? Est-ce que vous avez encore un emprunt à faire? Non. Et quant aux impôts nouveaux que vous allez voter, il n'y aura presque rien à imprimer, attendu que ce ne sont que des sous pour franc qu'on vous demande sur les impôts existants.

Il n'y a donc dans cette demande qu'un fait évident : l'Imprimerie nationale veut continuer à augmenter considérablement ses impressions, elle ne peut les augmenter qu'au préjudice de l'industrie privée, et je trouve que c'est tout à fait injuste et funeste.

M. LE GARDE DES SCEAUX. Et la législation !

M. RAUDOT. La législation ! oh ! je sais bien, vous me parlez toujours de votre législation du temps de l'Empire.

M. LE GARDE DES SCEAUX. Et de la Restauration !. . .

M. RAUDOT. Même de la Restauration. Mais permettez : la Restauration a rendu deux ordonnances, l'une pour donner la liberté et l'autre pour la retirer. Mais quand vous me parlez de lois faites du temps du Directoire et du temps de l'Empire, je vous réponds que vous nous parlez des temps où l'on ne connaissait pas les vrais principes, où l'on ne connaissait que le despotisme et les empiétements continuels d'une centralisation excessive que, quant à moi, je poursuivrai constamment. (Marques d'approbation sur divers bancs.)

M. DUFAURE. Je demande la parole.

M. LE PRÉSIDENT. La parole est à M. Dufaure.

M. DUFAURE. Messieurs, après le discours si complet et, à mon avis, si convaincant de M. le garde des sceaux, je me reprocherais d'entrer dans les détails de la question qui vous est soumise. Je ne veux ajouter que quelques mots.

L'honorable M. Raudot vous disait tout à l'heure : Vous avez l'autorité de tous les gardes des sceaux qui se sont succédé; mais ne sait-on pas comment les ministres font leur opinion? Ils la puisent dans leurs bureaux; ils ne se préoccupent pas de la partager, mais ils l'approuvent; ils ne font pas autre chose.

Eh bien, cela allait bien mal avec une des citations que M. le garde des sceaux a bien voulu faire; car lorsque j'ai été consulté par mon collègue, M. l'amiral Pothuau, sur la demande qui lui était adressée par un des grands imprimeurs de Paris, voici comment commençait la lettre dont M. le garde des sceaux vous a lu la fin : « Monsieur le Ministre et cher Collègue, je m'excuse d'abord de vous avoir fait attendre si longtemps ma réponse à votre dépêche du 27 juin : j'ai voulu y répondre moi-même, et j'ai été absorbé par l'abondance de mes affaires courantes. »

En effet, j'ai voulu examiner personnellement la question et j'ai répondu de ma propre main à M. le ministre de la marine. Mes prédécesseurs ont sans doute fait comme moi; la question était trop importante pour abandonner à leurs bureaux la solution qu'ils avaient à donner. Et d'ailleurs, ce ne sont pas seulement des ministres qui ont exprimé leur opinion; si vous voulez rechercher dans les discussions de 1832 au *Moniteur officiel*, vous y trouverez un rapport de M. de Vatimesnil, de l'honorable et savant Vatimesnil, rapport développé, approfondi et partageant l'avis émis par tout le monde sur cette question.

Du reste, il y a deux questions ici que l'on confond toujours. La première, telle qu'elle était présentée par l'honorable M. Raudot lundi, a pu un moment vous préoccuper : il s'agissait, en effet, d'un amendement qui devait être renvoyé à la Commission sans aucun débat, et il n'y allait de rien moins que d'une économie de 500,000 francs que M. Raudot vous demandait de faire.

Messieurs, il n'y a rien de pareil : l'Imprimerie nationale, éclairée par ce qui s'était passé l'année dernière, ayant remarqué que, l'année dernière, son crédit ordinaire, à raison de l'abondance des travaux qui lui étaient donnés par les ministres, ne suffisait pas, a demandé l'autorisation de porter ses dépenses à 500,000 francs de plus. Mais ces dépenses de 500,000 francs ne sont destinées qu'à exécuter des travaux pour le compte des ministères; elle a donc porté à son crédit, aux recettes, une somme de 500,000 francs que les ministres auront à lui payer de plus. (C'est cela! — Très-bien! très-bien!)

Si, par hasard, les demandes des ministres ne s'élèvent pas jusque-là, l'Imprimerie nationale, qui se fait ouvrir tous les mois par M. le garde des sceaux les crédits probables dont elle aura besoin, ne demandera pas au garde des sceaux de lui ouvrir tous ces crédits, et, par contre, elle ne recevra rien des ministres qui n'auront pas fait de commande; la dépense et la recette disparaîtront à la fois.

Ainsi, il n'y a aucune question de dépense; il n'y a qu'une mesure d'ordre. L'Imprimerie craint d'avoir besoin de ce crédit; elle vous demande de l'autoriser à l'avenir, et elle porte en recette l'équivalent du crédit que vous l'autoriserez à prendre. Cela avait été déjà dit, très-bien dit; mais, en présence de l'erreur dans laquelle persévère M. Raudot, il m'a paru nécessaire de le répéter. (On rit.)

M. RAUDOT. Il n'y a pas d'erreur du tout!

M. DUFAURE. Vous le voyez, la question financière n'est ici pour rien; c'est une simple autorisation qu'on vous demande.

Il y a une seconde question. Elle a été posée prématurément par l'honorable M. Legrand, et lui-même l'a senti, puisqu'il vous a dit que, d'ici au budget de 1875, on pourrait s'occuper de corriger les règlements, qui sont des lois, des décrets, des ordonnances, en vertu desquels l'Imprimerie nationale satisfait aux demandes des ministres compétents. Cette question, c'est une question générale, c'est une modification des décrets existants. Veut-on entreprendre de les faire modifier? Rien de mieux; que l'on propose quelque chose à cet égard. Quant à moi, j'ai la conviction que plus on examinera, et plus on entrera dans les idées qui ont été consignées dans le rapport remarquable de 1864 de MM. les ministres Baroche, Rouland, Magne, et de MM. Duvergier et de Lavenay, conseillers d'État. Il y a une raison qui me paraît décisive pour que l'Assemblée ne veuille pas déclarer que les ministres devront confier à l'industrie privée toutes les impressions qu'ils auront à faire.

Quant à moi, permettez-moi de vous le dire, et probablement l'honorable garde des sceaux pensera comme moi, je n'aurais pas voulu donner à l'industrie privée les documents qui sortaient de mon ministère avant qu'ils fussent imprimés. (Très-bien! très-bien!)

Je ne l'aurais pas voulu et je vais, d'un mot, vous en donner les motifs.

Nous avons, depuis que l'Assemblée est réunie, je ne sais combien d'exemples de documents destinés par le Gouvernement à l'impression qui ont été publiés dans les journaux avant que l'impression officielle en fût terminée. Croyez-vous que, quand M. le garde des sceaux adressera une circulaire aux procureurs généraux, il serait bien aise qu'avant de la recevoir officiellement MM. les procureurs généraux en eussent connaissance par tous les organes de la publicité?

Il y a là, Messieurs, une question de gouvernement... (Oui! oui! — C'est vrai!) il y a là un intérêt d'État que je vous conjure de ne pas compromettre.

J'ai autant de respect que personne, et pour l'économie politique, quoi qu'en dise M. Raudot... (On rit), et pour la grande industrie qu'il défend; mais, en même temps, il y a là un grand intérêt de gouvernement qu'une Assemblée ne doit pas facilement sacrifier. (Très-bien! très-bien!)

Dans l'Imprimerie nationale, il y a à la fois un grand établissement artistique et scientifique, frère de tous nos établissements les plus anciens et les plus respectables, lié à l'Institut, aux Archives et à la Bibliothèque nationale. Il ne faut pas légèrement le détruire.

Personne n'ose dire qu'il faut le détruire; mais on dit : Gardez-le comme établissement scientifique, comme établissement artistique; gardez-le avec toute la glorieuse réputation qu'il a dans le monde, nous y consentons; mais qu'il n'imprime pas les papiers que les ministres ont besoin de publier.

Messieurs, l'honorable M. Raudot, si justement soucieux des intérêts du Trésor, oublie-t-il que si l'Imprimerie nationale n'avait d'autre mission que sa mission scientifique, que de faire de grands modèles de typographie, que de recueillir avec soin et de reproduire les caractères de toutes les langues connues dans le monde, afin de les mettre à la disposition des imprimeurs privés quand ils en ont besoin et quand ils peuvent s'en servir, afin de les faire servir même aux impressions étrangères quand les étrangers n'ont pas la puissance et la richesse de notre Imprimerie nationale; l'honorable M. Raudot oublie-t-il qu'il faudrait, du moment où l'Imprimerie nationale ne recevrait plus le salaire que l'État lui donne, demander à l'État, par un article du budget, des crédits beaucoup plus considérables que les 500,000 francs qui font l'objet de notre débat?

Sur divers bancs. C'est évident! c'est évident!

M. Dufaure. Je conjure l'Assemblée, par ces courtes raisons, et surtout par celles que M. le garde des sceaux a données, de ne pas s'arrêter à l'amendement de M. Raudot. (Applaudissements sur un grand nombre de bancs.)

De divers côtés. Aux voix! aux voix!

M. le Président. Je consulte l'Assemblée sur l'amendement de M. Raudot, qui consiste, je le rappelle, à réduire de 500,000 fr. le chiffre des recettes et le chiffre des dépenses présumées de l'Imprimerie nationale.

(L'amendement, mis aux voix, n'est pas adopté.)

M. le Président. Je mets maintenant aux voix les deux chapitres du budget de l'Imprimerie nationale:

« *Recettes.* — Chapitre unique, 6,198,000 francs. »

« *Dépenses.* — Chapitre unique, 6,18 000 francs. »

(Les deux chapitres sont mis aux voix et adoptés.)

www.ingramcontent.com/pod-product-compliance
Ingram Content Group UK Ltd.
Pitfield, Milton Keynes, MK11 3LW, UK
UKHW020910120726
13693UKWH00003B/978